CW00523623

Schriften zum Weltanschauungsrecht

herausgegeben vom
Institut für Weltanschauungsrecht, vertreten durch
Dr. Jacqueline Neumann
Dr. Gerhard Czermak
Prof. Dr. Reinhard Merkel
Prof. Dr. Holm Putzke
In Verbindung mit der Giordano-Bruno-Stiftung,
vertreten durch
Herbert Steffen und Dr. Michael Schmidt-Salomon

Band 2

Gerhard Czermak

Siebzig Jahre Bundesverfassungsgericht in weltanschaulicher Schieflage

Fälle, Strukturen, Korrekturmöglichkeiten

 Nomos

Onlineversion
Nomos eLibrary

Die Deutsche Nationalbibliothek verzeichnet diese Publikation in
der Deutschen Nationalbibliografie; detaillierte bibliografische
Daten sind im Internet über http://dnb.d-nb.de abrufbar.

ISBN 978-3-8487-8194-2 (Print)
ISBN 978-3-7489-2601-6 (ePDF)

1. Auflage 2021
© Nomos Verlagsgesellschaft, Baden-Baden 2021. Gesamtverantwortung für Druck
und Herstellung bei der Nomos Verlagsgesellschaft mbH & Co. KG. Alle Rechte, auch
die des Nachdrucks von Auszügen, der fotomechanischen Wiedergabe und der Über-
setzung, vorbehalten. Gedruckt auf alterungsbeständigem Papier.

Vorwort

Diese Studie beruht auf langjähriger Beschäftigung mit dem Religions(verfassungs)recht, deren Ergebnis zuletzt in der 2. Auflage 2018 des Lehrbuchs „Religions- und Weltanschauungsrecht"[1] zusammengefasst ist. Ausgangspunkt der Beschäftigung mit dieser Materie war die bis heute verbal allgemein akzeptierte Formel des BVerfG im Urteil zur badischen Kirchenbausteuer von 1965, in der das Gericht das Neutralitätsgebot aus einer Reihe grundgesetzlicher Normen hergeleitet hat. Die Entscheidung enthält den eindrucksvollen Satz: „Das Grundgesetz legt ... dem Staat als Heimstatt aller Bürger ohne Ansehen der Person weltanschaulich-religiöse Neutralität auf." Dass dieses Gebot auf allen Ebenen – in Verwaltung, Staatspraxis, Politik und leider auch in der Rechtsprechung – bis heute in so großem Umfang missachtet wurde und wird, war mir stets ein Dorn im Auge. Das Thema war für mich, den Angehörigen einer nichtreligiösen Weltanschauung und Verfechter echter Weltanschauungsfreiheit auf der Basis der grundgesetzlichen Gleichberechtigung, auch eine Frage der Gerechtigkeit. Das könnte, bei anhaltenden religionssoziologischen Änderungen, auch für religiöse Bürger und Gemeinschaften von Bedeutung werden.

Als Gründungsmitglied des „Instituts für Weltanschauungsrecht" freue ich mich darüber, dass diese Untersuchung als Band 2 der „Schriften zum Weltanschauungsrecht" erscheinen kann. Herrn Prof. Dr. Bodo Pieroth danke ich für kritische Hinweise. Besonders danke ich Frau Dr. Jacqueline Neumann, die die Arbeit von Beginn an kritisch und zeitaufwändig begleitet und auch die organisatorische Arbeit übernommen hat. Das sorgfältige Schlusslektorat hat dankenswerterweise Herr Helmut Fink von der Giordano-Bruno-Stiftung übernommen.

Friedberg/Bayern, im Dezember 2020   Gerhard Czermak

---

[1] G. *Czermak/E. Hilgendorf*, Religions- und Weltanschauungsrecht, 2. A. 2018, Berlin.

Inhaltsverzeichnis

Liste der erörterten Entscheidungen des Bundesverfassungsgerichts

Diese Auswahlliste betrifft hauptsächlich Senatsentscheidungen, die in der amtlichen Sammlung abgedruckt sind. Weitere Fundstellen finden sich insbesondere unter https://dejure.org/dienste/rechtsprechung?gericht=BVer fg und direkt über Suchmaschinen unter Angabe des Entscheidungsdatums und Aktenzeichens oder der Fundstelle der amtlichen Sammlung (z. B. BVerfGE 93, 1). Das Portal des BVerfG enthält im Volltext alle Senatsentscheidungen seit 1998 und darüber hinaus viele Kammerentscheidungen.

BVerfGE 5, 85	KPD-Urteil, 1956
BVerfGE 6, 309	Konkordatsurteil, 1957
BVerfGE 12, 1	Tabakfall, 1960
BVerfGE 19, 1	Gebührenfreiheit für Neuapostolische Kirche, 1965
BVerfGE 19, 206	Badische Kirchenbausteuer, 1965
BVerfGE 19, 268	Kirchensteuer bei glaubensverschiedener Ehe (Besonderes Kirchgeld), 1965
BVerfGE 20, 40	Kirchensteuer bei konfessionsverschiedener Ehe, 1966
BVerfGE 22, 18	Sozialhilfe-Urteil, 1967
BVerfGE 24, 236	Aktion Rumpelkammer (Lumpensammler-Entsch.), 1968
BVerfGE 35, 366	Kreuz im Gerichtssaal, 1973
BVerfGE 39, 1	Schwangerschaftsabbruch I, 1975
BVerfGE 41, 29	Christliche Gemeinschaftsschule in Baden-Württemberg, 1975
BVerfGE 41, 65	Christliche Gemeinschaftsschule in Bayern, 1975
BVerfGE 42, 312	Bremer Pastorenfall, 1976
BVerfGE 44, 37	Kirchenaustrittserklärung und Nachbesteuerung, 1977
BVerfGE 44, 103	Kirchenlohnsteuer-Einzug und Mitwirkungspflicht der Arbeitgeber (Nichtannahmebeschluss), 1977
BVerfGE 46, 73	Goch-Beschluss (Betriebsratswahl), 1977
BVerfGE 49, 375	Lohnsteuerkarte und Religionszugehörigkeit (Nichtannahmebeschluss), 1978

Abkürzungsverzeichnis

A.	= Auflage
a. A.	= anderer Auffassung
a. a. O.	= am angegebenen Ort
AöR	= Archiv des öffentlichen Rechts der Gegenwart
APuZ	= Aus Politik und Zeitgeschichte
Az.	= Aktenzeichen
B.	= Beschluss
BAG	= Bundesarbeitsgericht
BayEUG	= Bayer. Gesetz über das Erziehungs- und Unterrichtswesen
BayVBl	= Bayerische Verwaltungsblätter
BayVerfGH	= Bayerischer Verfassungsgerichtshof
BFH	= Bundesfinanzhof
BGBl	= Bundesgesetzblatt
BGB	= Bürgerliches Gesetzbuch
BGH	= Bundesgerichtshof
BGHSt	= Entscheidungen des BGH in Strafsachen
BT-Dr	= Bundestags-Drucksache
BVerfG	= Bundesverfassungsgericht
BVerfGE	= Entscheidungen des BVerfG (hrsg. von den Mitgliedern des BVerfG, sog. Amtl. Sammlung)
BVerfGG	_ Gesetz über das Bundesverfassungsgericht
BVerfG-K	= Entscheidung einer Kammer des BVerfG (nicht des ganzen Senats)
BVerwG	= Bundesverwaltungsgericht
BVerwGE	= Entscheidungen des BVerwG (hrsg. von den Mitgliedern des BVerwG, sog. Amtl. Sammlung)
BvR	= Registerzeichen des BVerfG für Verfahren über Verfassungsbeschwerden
can., auch c.	= Kanon des CIC
CIC	= Codex Iuris Canonici (Gesetzbuch der röm.-kath. Kirche i. d. F. von 1983)

Czermak/ Hilgendorf 2018	= Gerhard Czermak/Eric Hilgendorf, Religions- und Weltanschauungsrecht, 2. A. Berlin 2018
d. h.	= das heißt
DÖV	= Die öffentliche Verwaltung
E	= Entscheidung; Entscheidung in der jeweiligen amtlichen Sammlung des Gerichts
EGMR	= Europäischer Gerichtshof für Menschenrechte
EMRK	= Europäische Menschenrechtskonvention
EU	= Ethikunterricht; Europäische Union
EuGH	= Europäischer Gerichtshof
Fn.	= Fußnote
FS	= Festschrift
gem.	= gemäß
GG	= Grundgesetz
HdbStKirchR	= Handbuch des Staatskirchenrechts
h. M.	= herrschende Meinung
Hg., Hrsg.	= Herausgeber
i. d. F.	= in der Fassung
i. S.	= im Sinn
i. V. m.	= in Verbindung mit
JuS	= Juristische Schulung
JZ	= Juristenzeitung
KJ	= Kritische Justiz
KritV	= Kritische Vierteljahresschrift für Gesetzgebung und Rechtswissenschaft
LTO	= Legal Tribune Online
MDR	= Monatsschrift für Deutsches Recht
MedR	= Medizinrecht
Menzel 2017	= Jörg Menzel, Verfassungsrechtsprechung im siebten Jahrzehnt, in: J. Menzel/ R. Müller- Terpitz (Hg.), Verfassungs- rechtsprechung, 3. A. Tübingen 2017, 1–44
m. w. N.	= mit weiteren Nachweisen
n. F.	= neuer Fassung
NJW	= Neue Juristische Wochenschrift
NStZ	= Neue Zeitschrift für Strafrecht
NVwZ	= Neue Zeitschrift für Verwaltungsrecht

OVG	= Oberverwaltungsgericht
Rn.	= Randnummer
Rspr.	= Rechtsprechung
s. o.	= siehe oben
st. Rspr.	= ständige Rechtsprechung
StGB	= Strafgesetzbuch
s. u.	= siehe unten
U.	= Urteil
u. a.	= und andere
usw.	= und so weiter
VG	= Verwaltungsgericht
VwGO	= Verwaltungsgerichtsordnung
WRV	= Weimarer Reichsverfassung
ZevKR	= Zeitschrift für evangelisches Kirchenrecht
ZIP	= Zeitschrift für Wirtschaftsrecht und Insolvenzpraxis
ZIS	= Zeitschrift für Internationale Strafrechtsdogmatik
ZRP	= Zeitschrift für Rechtspolitik

Vorbemerkungen

Diese Arbeit will eine differenzierende Grundsatzkritik an der Rechtsprechung des Bundesverfassungsgerichts (BVerfG) zur ideologisch stark aufgeladenen Materie des Weltanschauungsrechts (herkömmlich: Religions[verfassungs]rechts) üben.

Das BVerfG ist bei einer Gesamtbetrachtung die – zu Recht – angesehenste staatliche Institution der Bundesrepublik Deutschland. Auch hinsichtlich der Religionsverfassung hat es wichtige freiheitliche Pflöcke eingeschlagen. Es geht daher in dieser Kritik nicht darum, die für unsere Rechtsstaatlichkeit so wichtige Einrichtung zu beschädigen. Vielmehr ist beabsichtigt, umstrittene, aber oft tabuisierte Problemzonen der Rechtsprechung mit dem Ziel einer Sensibilisierung aufzuweisen und auszuleuchten. Die erkennbaren Schwachstellen haben verschiedene Ursachen, auf die gegen Ende dieser Arbeit näher eingegangen wird.

1. Funktion, allgemeine Bedeutung und öffentliche Beurteilung des BVerfG[2]

Am 7. 9. 1951 nahm das BVerfG als oberster Hüter des Grundgesetzes (GG) seine Arbeit auf. Seine Existenz mit beispiellos umfassenden Kompetenzen ist gesichert durch Artikel 93 GG und § 13 des Gesetzes über das Bundesverfassungsgericht (BVerfGG). Teilweise sind die Kompetenzen durch die Rechtsprechung des BVerfG ausgedehnt worden.[3] Seit dem sog. Elfes-Urteil von 1957[4] hat das Gericht nämlich die rein subjektive Verfassungsbeschwerde zu einem Verfahren erweitert, mit dem auch die Wahrung des objektiven (abstrakten) Verfassungsrechts bezweckt wird. Diese – nicht unproblematische – Ausweitung fand weitgehende Anerkennung.

Die Institution des BVerfG, einschließlich der Wahl der Richter durch einen 12-köpfigen Wahlausschuss des Bundestags und durch den Bundesrat, ist geregelt im (schon oft geänderten) BVerfGG von 1951. Dieses Gesetz enthält auch umfangreiche Vorschriften zu den vielen Verfahrensarten. Niemand konnte seinerzeit ahnen, welche juristische und politische Bedeutung das Gericht einmal haben würde, vor allem infolge der Institution der Bürger-Verfassungsbeschwerde.

Allein die von Mitgliedern des Gerichts herausgegebenen Entscheidungen der beiden je 8-köpfigen Senate (die sog. amtliche Sammlung) ergeben nach dem Stand von 2020 ca. 152 Bände mit durchschnittlich etwa 420 Seiten. Die weit über 3000 Senatsentscheidungen mit ca. 64.000 Seiten sind nur diejenigen, die von den kompletten Senaten entschieden wurden. Hinzu kommen Zehntausende von Entscheidungen über Verfassungsbeschwerden, die von Kammern mit drei Richtern beschlossen wurden. 1951–2018 wurden nach Angaben des Gerichts 234.812 Verfahren erledigt, davon 226.804 Verfassungsbeschwerden bei einer Erfolgsquote von 2,3 %. Seit 2006 beträgt die Zahl der jährlichen Gesamteingänge ca. 6000. Daraus

---

2 Einen komprimierten vielseitigen Überblick gibt *Jörg Menzel*, Verfassungsrechtsprechung im siebten Jahrzehnt in: J. Menzel/R. Müller-Terpitz, Verfassungsrechtsprechung, 3. A. 2017, 1–44 mit umfangreichen Literaturhinweisen.

3 Auch der Gesetzgeber hat in neuerer Zeit noch eine Zuständigkeitsausweitung vorgenommen (Kompetenzfreigabeverfahren, 2006).

4 BVerfGE 6, 32: *Elfes-Urteil*. Das Urteil ist nach dem damaligen Beschwerdeführer Wilhelm Elfes benannt.

ergibt sich eine kaum ordnungsgemäß zu bewältigende Arbeitsbelastung (näher dazu unter Abschnitt 9).

Die Tätigkeit des BVerfG übt einen mächtigen Einfluss auf die Befindlichkeit der Bundesrepublik aus. Sie erfährt, trotz häufiger und manchmal heftiger Kritik in Einzelfällen, alles in allem eine überwältigende Zustimmung, und zwar in Fachkreisen und Gesellschaft. Die politischen Reaktionen auf wichtige Entscheidungen des BVerfG sind natürlich sehr unterschiedlich. Aber niemand will das BVerfG als Institution missen. Von Anfang an war es ein Grundpfeiler der Staatskultur und ein wesentlicher Faktor bei der Stabilisierung der freiheitlichen deutschen Demokratie. Auch die internationale Anerkennung ist groß. Etlichen Staaten hat das BVerfG als Vorbild gedient.

Aufgrund der bisher umfassenden Kompetenzen des BVerfG kann im Grundsatz jede Rechtsfrage der Gesetzgebung und der Entscheidungen der Fachgerichtsbarkeit mit verfassungsrechtlichem Bezug zum Gegenstand einer Überprüfung durch das BVerfG werden. Die Gesetzgebung ist wesentlich geronnene Politik, die hohe politische Bedeutung vieler Entscheidungen des BVerfG daher zwangsläufig.

Die Richter werden zwar auf Vorschlag politischer Organe gewählt. Ihre sachliche, innere Unabhängigkeit wird aber gestärkt durch eine 12-jährige Amtszeit und das Verbot der Wiederwahl. Die Richter sind nur dem Gesetz, vor allem dem GG, unterworfen, wie dieses in Art. 97 verfügt. *Nach seiner rechtlichen Struktur ist das BVerfG ausschließlich ein Gericht*, für das die Garantie der sachlichen und persönlichen Unabhängigkeit gilt. Dass sich das BVerfG auch als *Verfassungsorgan* versteht[5] (so auch § 1 I BVerfGG), ändert daran nichts. Seine Funktionen sind im Verfassungsabschnitt „Die Rechtsprechung" geregelt. Für die Tätigkeit der Verfassungsrichter gelten somit zunächst dieselben Regeln wie für alle anderen Richter. Dazu gehören die Unbefangenheit in Bezug auf Personen und Institutionen sowie Ideologien, was in Ausschluss- und Befangenheitsvorschriften geregelt ist.[6]

Diese Vorbemerkungen haben den Zweck, die in dieser Arbeit geübte auch heftige Kritik in den Gesamtzusammenhang einzuordnen.

---

5 Diesen Anspruch hat das Gericht in einer Denkschrift vom 27. 6. 1952 erhoben und durchgesetzt.
6 Zur Rekrutierung der Richter und zu Einzelfragen des Richterkollegiums siehe *J. Menzel* in: J. Menzel/R. Müller-Terpitz, Verfassungsrechtsprechung, 3. A. 2017, 17–20.

2. Zur Methode der Auslegung und Gewinnung von Rechtsnormen

Richter des BVerfG haben grundsätzlich dieselben Methoden der Rechtsanwendung zu beherzigen wie alle anderen auch, denn sie müssen über konkrete Fälle entscheiden, sieht man von den zahlenmäßig geringen Verfahren der abstrakten Normenkontrolle ab (Art. 93 I Nr. 2, 2a GG). Sie haben aber besondere Gepflogenheiten entwickelt, auf die gesondert einzugehen ist. Die Auslegungsmethoden haben eine lange Tradition, sind jedenfalls im Kern anerkannt und in einer Fülle von rechtswissenschaftlichen Spezialwerken erläutert.

Die vier klassischen Gesichtspunkte der „Rechtsfindung" sind insgesamt mit einem mehr oder weniger erheblichen schöpferischen Anteil (d. h. mit Willensakten) verbunden. Daher ist es richtiger, von *Rechtsgewinnung* zu sprechen. Wesentliche Aspekte werden im Folgenden grob skizziert. Insgesamt ist der Vorgang der Rechtsgewinnung sehr komplex.[7]

Von der Normauslegung bis zum Rand des möglichen Wortsinns sind zu unterscheiden die Rechtsanalogie und die Regeln der Schließung von Gesetzeslücken sowie der sonstigen Rechtsfortbildung.

Ausgangspunkt jeder Bemühung um den aktuellen Regelungsgehalt einer Vorschrift muss die *Normauslegung* nach dem *Wortlaut* sein. Der Wortlaut ist aber oft nicht eindeutig und muss auch im Zusammenhang gesehen werden. Beispiele: Wie ist bei einem Wandel des Wortsinns zu verfahren? Was ist Gewalt? Was sind gute Sitten? Was verlangt die Integration fremder Kulturen oder die Integration der Staatsbürger insgesamt? Ein strikter Buchstabengehorsam ist für sich genommen nicht zu akzeptieren. Auch ist der Wortsinn nicht stets maßgeblich, etwa bei bloßen Redaktionsversehen des Gesetzgebers oder bei einem innergesetzlichen Widerspruch. Fast unvermeidlich ist auch der Gesichtspunkt der sog. *systematischen Auslegung*, die sowohl den engeren, als auch den Gesamtzusammenhang und den Standort im ganzen Rechtssystem berücksichtigt.

---

7 Aus der Literatur: *T. Möllers*, Juristische Methodenlehre, 2. A. 2019; *B. Rüthers/C. Fischer/A. Birk*, Rechtstheorie mit Juristischer Methodenlehre, 10. A. 2018; *F. Reimer*, Juristische Methodenlehre, 2016; *F. Müller/R. Christensen*, Juristische Methodik, Bd. 1, 11. A. 2013.

Die Rechtspraxis stützt sich häufig zudem auf die sog. *historische Auslegung*, die den Willen des historischen Gesetzgebers betont. Das führt vor allem bei älteren Rechtsnormen aber leicht in die Irre. Unklar ist, was bei knappen (zufälligen) Parlamentsentscheidungen unter Gesetzgeber zu verstehen ist, ob stets von einem Willen gesprochen werden kann bzw. ob ein solcher überhaupt zuverlässig zu ermitteln ist. Außer Acht bleibt bei der bloßen Ermittlung der Entstehungsgeschichte eines Gesetzes, dass sich zwischenzeitlich die Lebensverhältnisse häufig geändert haben, so dass Gesetzesbegriffe heute anders verstanden werden als ursprünglich. Die Rede vom Willen eines Gesetzes verdunkelt oft nur die Probleme.[8]

Die beliebteste „Methode" ist die der *teleologischen Auslegung*, die auf den aktuellen Sinn und Zweck einer Regelung abstellt. Sie als *Methode* zu bezeichnen, ist aber verfehlt, denn den aktuellen Regelungssinn einer Norm festzustellen, ist ja gerade das letzte Ziel jeder Auslegung. Es geht dabei darum, alle übrigen sachbezogenen Gesichtspunkte in die Gesamtwürdigung einzubeziehen.

Nach zutreffender fast allgemeiner Rechtsmeinung gibt es keine feste logische Reihenfolge der genannten Auslegungsgesichtspunkte, die für jeden Fall gilt. Allerdings dürfte regelmäßig die Reihenfolge Text, Systematik und zuletzt Entstehungsgeschichte sinnvoll sein. Es gilt zum Schluss, je nach Problemstellung umfassend alle für das Normverständnis in Frage kommenden Gesichtspunkte zu registrieren, zu sichten, zu gewichten und dann zu entscheiden. Dabei ist eine objektivierende Betrachtung erforderlich, die rein persönliche Betrachtungsweisen so weit wie möglich verdrängt. Das Ergebnis muss in allen gedanklichen Schritten rational nachvollziehbar sein. Es soll nach Möglichkeit die Mehrheit aller vernünftigen Rechtsgenossen davon überzeugen, dass das Resultat sinnvoll und nicht ungerecht ist.

Mit diesen wenigen Überlegungen zu Aspekten der Rechtstheorie soll es hier sein Bewenden haben. Beiseitegelassen werden etwa Fragen der teleologischen Erweiterung oder Reduktion des Normtextes, der Analogie und generell der große Komplex der Rechtsfortbildung, der Möglichkeit von Naturrecht, der Bedeutung des richterlichen Selbstverständnisses u. a.

---

8 Hierzu und vor allem zur Frage des Zeitgeists *J. Menzel* 2017, 29–32; *K. Redeker*, Zeitgeist und Wertordnung, NJW 1999, 3687 ff.; *H.-P. Schneider*, Der Wille des Verfassungsgebers, Stern-FS, 1997, 903–923.

3. Die Gewinnung von Verfassungsrecht durch das Bundesverfassungsgericht

Die Richter des BVerfG haben spezielle Probleme der Rechtsanwendung und Rechtsschöpfung zu beachten. Grundrechte sind in großem Umfang hochabstrakt, so dass aus ihrem Text nur mit Mühe, wenn überhaupt, praxistaugliche Grundsätze gewonnen bzw. entwickelt werden können. Für die rechtlichen Details praktischer Fälle geben sie meist gar nichts her. So ergab sich etwa für die Frage des (zwischenzeitlich durch eine gesetzliche Neuordnung längst aufgehobenen) Nachtbackverbots aus den Grundrechtstexten zur Berufsfreiheit, Rechtsgleichheit und Eigentumsgewährleistung zunächst gar nichts. Dennoch hat das BVerfG 1968 und sogar noch 1976 entschieden, die gesetzliche Regelung zum Verbot nächtlichen Backens sei mit dem GG vereinbar – ökonomisch, gesellschaftspolitisch und juristisch höchst umstrittene Entscheidungen. Ein Grundrecht auf informationelle Selbstbestimmung wurde im Volkszählungs-Urteil von 1983 mit aufwändigen Überlegungen aus dem allgemeinen Persönlichkeitsrecht des Art. 2 I GG in Verbindung mit der gebotenen Wahrung der Menschenwürde, beides sehr vage Normen, entwickelt. Das ist kein Akt der Auslegung, sondern der für das BVerfG typischen Rechtsschöpfung.

Das BVerfG sucht sich seine Fälle nicht aus, sondern *muss* über jeden Fall entscheiden, und sei die Verfassung noch so unklar, der Streitfall allzu banal oder die Materie von großer politischer Bedeutung. Daraus ergibt sich für ein Gericht, das an der Spitze der rechtlichen Hierarchie steht, eine große Machtfülle, aber auch eine besonders strenge Verpflichtung, die Regeln der juristischen Methodik einzuhalten.[9] Die Judikate sollten gedanklich voll nachprüfbar, in sich widerspruchsfrei und ideologisch im Rahmen des Möglichen neutral sein.

Im Rahmen dieser Aufgabenstellung spielt das *Gebot der verfassungskonformen Auslegung von Gesetzen* eine besondere Rolle. Es gehört von Anfang an zum gesicherten rechtsmethodischen Bestand unseres Rechtssystems und ist in der Praxis besonders des BVerfG von großer Bedeutung. Zugrunde liegt der Gedanke, dass bei mehreren Möglichkeiten einer Geset-

---

9 Das ist zu betonen angesichts einer Gefahr, die beim BVerfG bei einem Wechsel von der Tradition der Dogmatik zur Kasuistik besteht. Dazu *B. Schlink*, Abschied von der Dogmatik, JZ 2007, 157 (161).

zesauslegung demjenigen Normverständnis der Vorzug zu geben ist, das mit dem GG vereinbart werden kann. Die Rechtsgewinnung muss verfassungsorientiert sein. Die verfassungsfreundliche Auslegung dient dem BVerfG zur Aufrechterhaltung von Gesetzesnormen. Eine Nichtigerklärung gesetzlicher Vorschriften kann so häufig vermieden werden. Der Grundsatz der *Normerhaltung* kann aber dann nicht mehr gelten, wenn er zum Wortlaut oder klar erkennbaren Willen des Gesetzgebers in Widerspruch treten würde.[10] Leider hat sich das Gericht an diese berechtigten eigenen Vorgaben keineswegs immer gehalten. Eine ungute Folge solcher Regelmissachtung war es etwa, dass das BVerfG 1975 formal (im Entscheidungsspruch) die sog. christliche Gemeinschaftsschule in Bayern als GG-konform bezeichnete, in den Gründen aber entgegen dem klaren Willen von Landesverfassung und Schulgesetz die christliche Prägung des Unterrichts gerade untersagte, statt die gesetzliche Regelung für nichtig zu erklären. Das erleichterte in der Folge dem Land Bayern eine auch künftige z. T. massive (und voraussehbare) christliche Schulpolitik. Das wird in der Detailkritik zur Rechtsprechung näher ausgeführt.

---

10 So z. B. BVerfGE 90, 263 (275), ständige Rspr.

4. Die religionsrechtliche Rechtsprechung bis 1975[11]

In den ersten Jahren seiner Tätigkeit hat sich das BVerfG nicht mit Fragen des Weltanschauungsrechts (Religionsrechts) beschäftigen müssen. Rückblickend ist aber eine Passage aus dem *Urteil über das KPD-Verbot* im 5. Band der sog. amtlichen Entscheidungssammlung aus dem Jahr 1956[12] von besonderem Interesse. Das Urteil enthält nämlich neben problematischen Aspekten[13] Ausführungen zum freiheitlichen Grundcharakter unseres Rechtssystems. Der Mensch sei „mit der Fähigkeit zu eigenverantwortlicher Lebensgestaltung" ausgestattet. „Um seiner Würde willen muss ihm eine möglichst weitgehende Entfaltung seiner Persönlichkeit gesichert werden ... Die Geistesfreiheit ist für das System der freiheitlichen Demokratie entscheidend wichtig." Daraus folge, das Prinzip der Gleichbehandlung aller sei „für die freiheitliche Demokratie ein selbstverständliches Postulat".[14] Die weiteren Ausführungen werden zeigen, dass das BVerfG im Lauf der folgenden Jahrzehnte diese grundlegenden Erkenntnisse trotz wiederkehrender Zitierung im weltanschaulich-ideologischen Bereich häufig gerade nicht beherzigt hat.

BVerfGE 6, 309, U. v. 26. 3. 1957 – 2 BvG 1/55 u. a.: Konkordatsurteil

Dies ist die erste wichtige Entscheidung, in der sich das BVerfG ausdrücklich mit dem Thema Religion befasst hat. Sein Gegenstand war die von der Adenauer-Regierung zugunsten der katholischen Kirche aufgeworfene Fra-

---

11 Zur Rspr. des BVerfG in weltanschaulich-religiösen Fragen gibt es mehrere zusammenfassende, vorwiegend referierende Darstellungen für größere Zeitabschnitte. Eine Gesamtübersicht gibt *M. Heckel*, Religionsfreiheit und Staatskirchenrecht in der Rechtsprechung des Bundesverfassungsgerichts in: Badura/Dreier (Hg.), FS 50 Jahre Bundesverfassungsgericht, Bd. 2, 2001, 379–420. Beachtenswert ist der Band von *G. Neureither*, Leitentscheidungen zum Religionsverfassungsrecht, 2015. Der an sich lobenswerte Großband *J. Menzel/ R. Müller-Terpitz* (Hg.), Verfassungsrechtsprechung, 3. A. 2017, verarbeitet zwar 130 Entscheidungen von 1951–2016, aber fast keine religionsrechtlichen Judikate.
12 BVerfGE 5, 85: *KPD-Urteil*.
13 Zu den überaus problematischen Seiten der Entstehungsgeschichte und des Inhalts dieses Urteils s. *T. Darnstädt*, Verschlusssache Karlsruhe, 2018, 33–89.
14 BVerfGE 5, 85, Rn. 523 des Originals: *KPD-Urteil* vom 17. 8. 1956.

ge, ob das niedersächsische Schulgesetz mit dem Reichskonkordat (insb. Art. 23) vereinbar sei, obwohl es die Bildung von Konfessionsschulen erschwere. Das Reichskonkordat von 1933 sah vor, dass Erziehungsberechtigte auf Antrag die Errichtung katholischer Bekenntnisschulen erreichen konnten, wenn die gesetzlichen organisatorischen Anforderungen vorlagen. Das niedersächsische Schulgesetz von 1954 gab den Erziehungsberechtigten die Möglichkeit, einen Antrag auf Errichtung einer öffentlichen Bekenntnisschule zu stellen, wenn je nach Ortsgröße mindestens 120 bzw. 240 Schüler mittelfristig garantiert erschienen. Der 1956–1958 – in vier Bänden dokumentierte – durchgeführte aufwändige Prozess war in mehrerlei Hinsicht außergewöhnlich. Das gilt besonders für Begründung und Ergebnis. Letzteres besagt nämlich nur, selbst bei einem Verstoß gegen das Reichskonkordat verstoße das Land gegen keine *bundesrechtliche* Verpflichtung, da in Schulsachen die Länder zuständig seien. Auf eine Überprüfung des Schulgesetzes am Maßstab des Konkordats komme es nicht an. Dazu hätte es aber nicht der ausufernden Prüfung höchst umstrittener Fragen bedurft wie der innerstaatlichen Fortgeltung des Reichskonkordats und der oberflächlichen und allzu knappen, um nicht zu sagen dürftigen, Erörterung von Grundfragen der Glaubensfreiheit. Auch die vorgelegten zahlreichen Rechtsgutachten waren meist unnötig.

Wie überflüssig die Passagen zur Errichtung von Bekenntnisschulen waren, ergibt sich auch aus der Tatsache, dass diese Fragen der Glaubensfreiheit (Art. 4 I GG) nicht einmal in den amtlichen Leitsätzen des Senats erwähnt sind. Dennoch befassen sich die Urteilsgründe näher mit ihnen. Es wird davon ausgegangen, unter Bekenntnisschulen seien solche zu verstehen, in denen die Kinder eines Bekenntnisses unterrichtet werden, in denen Lehrkräfte desselben Bekenntnisses unterrichten und in denen nicht nur der Religionsunterricht, sondern der gesamte Unterricht und die Erziehung dem Geiste dieses Bekenntnisses entsprechen. So steht es übrigens (allerdings seit 1968 bezüglich der sogenannten christlichen Gemeinschaftsschule) noch heute in Art. 135 der Bayerischen Verfassung.[15] Für Fälle, in denen an einem Ort nur eine Schule besteht, heißt es im Konkordatsurteil: „Es ist unvermeidlich, dass Eltern unter Umständen genötigt

---

15 Die Rspr. des BVerfG von 1975 (mit ihrer behaupteten verfassungskonformen Auslegung des 1968 neugefassten Art. 135 BayVerf) untersagte in den Entscheidungsgründen jede glaubensfundierte Christlichkeit. Daraus ergibt sich eine immanente Verlogenheit dieser beibehaltenen bayerischen Verfassungsbestimmung und der entsprechenden schulgesetzlichen Vorschriften. S. näher unten zu den sog. Christlichen Gemeinschaftsschulen.

sind, ihre Kinder einer Schule anzuvertrauen, die in ihrer weltanschaulichen Gestaltung den Wünschen der Eltern nicht entspricht. Es kann daher nicht gesagt werden, dass unter Berücksichtigung des staatlichen Schulzwangs und der tatsächlich gegebenen Beschränkung der Zahl verschiedenartiger weltanschaulicher Gestaltungen der Schule die Schulbestimmungen des Reichskonkordats in die Gewissensfreiheit unzulässig eingreifen."[16] Dabei hatte sogar der Rechtskatholik Theodor Maunz in seinem Prozessgutachten den Konfessionsschulzwang wegen Verstoßes gegen Art. 4 GG (Glaubensfreiheit) als klar GG-widrig bezeichnet.[17]

Nun ist der Staat des GG säkular. Er ist zwar religionsfreundlich, hat aber unbestritten selbst keinerlei religiösen Staatszweck. Ein solcher ergibt sich weder aus einer Intention des Parlamentarischen Rats, noch aus dem Text des GG oder den dazugehörigen Materialien. An mehreren Stellen verfügt das GG ohne Differenzierung die Gleichheit von Religion und nichtreligiöser Weltanschauung.[18]

Dieser Erkenntnis hätte sich das an das GG gebundene Gericht auch 1957, in einer Zeit des politischen Klerikalismus, eigentlich nicht verschließen dürfen. Aber es hat die individuelle Religions- und Weltanschauungsfreiheit aller Eltern und Schüler, die nicht der jeweils dominierenden christlichen Konfession angehören, einfach ignoriert und dem Staat zugebilligt, über die weltanschauliche Ausrichtung der öffentlichen Schulen frei, d. h. ohne Beachtung des Grundrechts aus Art. 4 GG, entscheiden zu dürfen. Dabei hatte das BVerfG – wenn auch der andere Senat – erst kurze Zeit vorher gefordert, es sei eine möglichst weitgehende Entfaltung der eigenverantwortlichen Persönlichkeit sicherzustellen und die zu beachtende Gleichheit hervorgehoben (s. o.). Da es für die Fallentscheidung auf diese Fragen nicht ankam, ist es schwierig anzunehmen, der Zeitgeist habe bei diesen Nebenerwägungen keine Rolle gespielt. Vielmehr ging es wohl um eine unreflektierte Bekräftigung des in Westdeutschland dominierenden Konfessionsschulwesens. Nebenbei: Dass das konfessionelle Denken noch 2020 in Nordrhein-Westfalen mit seinen nicht weniger als fast 3000 kon-

---

16 BVerfGE 6, 309, Rn. 169 des Originals: *Konkordatsurteil* vom 26. 3. 1957.
17 *T. Maunz* in: Giese/v. d. Heydte (Hg.), Der Konkordatsprozeß, Bd. 2, 1958, 776 (788 f.).
18 Statt aller: *E.-W. Böckenförde*, Religion im säkularen Staat, 1996, 990–998; *G. Czermak* in: G. Czermak/E. Hilgendorf, Religions- und Weltanschauungsrecht, 2. A. 2018, 91 ff.; *H. Dreier*, Staat ohne Gott. Religion in der säkularen Moderne, 2018; *M. Heckel*, Gleichheit oder Privilegien, 1993, 39 ff.; *S. Huster*, Die ethische Neutralität des Staates, 1. A. 2002, 2. A. 2017, jeweils 46 ff. und 84 ff.

fessionellen Grundschulen und ihren faktischen Besuchszwängen auch im Landesrecht eine so große Rolle spielt, ist erstaunlich.[19]

Von ordnungsgemäßer rechtsdogmatischer Argumentation konnte im Konkordatsurteil in mehrfacher Hinsicht keine Rede sein. Anscheinend war es dem Gericht weniger um die Entscheidung eines Rechtsfalls gegangen, als darum, die Identität des Deutschen Reichs in den Grenzen von 1937, faktisch begrenzt auf die alte Bundesrepublik (eine juristisch-politische Lebenslüge) zu postulieren, die individuelle Glaubensfreiheit zu schwächen und nebenbei das (höchst problematische) Kirchenvertragswesen[20] pauschal zu billigen.

BVerfGE 12, 1, B. 8. 11. 1960 – 1 BvR 59/56: Tabakfall; Adenauer-Ära

Diese Entscheidung scheint die erste wichtigere zu sein, die sich mit einem Aspekt der Religionsfreiheit bzw. Glaubensfreiheit (die Terminologie war damals besonders unklar) befasste. Ein radikaler Nazi hatte in der Strafhaft unter Einsatz des Versprechens von Tabak für Kirchenaustritt geworben, und deswegen war sein Antrag auf bedingte Haftentlassung abgelehnt worden. Der Beschwerdeführer war Anhänger der völkisch-radikalen Ludendorff-Bewegung und hatte u. a. Führungsfunktionen in der SS und im NS-Sicherheitsdienst innegehabt. 1953 wurde er vom Bundesgerichtshof wegen Landesverrats zu vier Jahren Zuchthaus verurteilt. In der Strafhaft warb er für den Kirchenaustritt und versprach teilweise Tabak dafür. Sein Antrag auf bedingte Entlassung aus der Strafhaft wurde mit folgender Begründung abgelehnt: „In diesem Vorgehen des Verurteilten tritt ein solcher Grad von gemeiner Gesinnung und moralischer Niedertracht zu Tage, dass nicht erwartet werden kann, er werde in Zukunft ein gesetzmäßi-

---

19 S. hierzu den Artikel *Bekenntnisschulen* von *G. Czermak*, in: http://www.weltansch auungsrecht.de, Lexikon; noch 2017 hat eine Kammer des 1. Senats die hochumstrittene Grundsatzfrage nach der Berechtigung des Konfessionsschulsystems in NRW in einem Schulrechtsstreit nicht einmal erwähnt, B. 8. 9. 2017, 1 BvR 984/17. Dabei erklärte sogar der leitende Beamte des NRW-Kultusministeriums für Schul- und Staatskirchenrecht, *Ulrich Pfaff*, im ersichtlich besonders kirchenfreundlichen Band B. Kämper/A. Schulberg (Hg.), Staat und Religion in Nordrhein-Westfalen, Münster 2020, die Existenz alternativloser Bekenntnisschulen in 78 Gemeinden für „fragwürdig", 268 (282).

20 1955 war der später als Vorbild dienende extrem kirchenfreundliche Loccumer Vertrag mit den evangelischen Kirchen Niedersachsens geschlossen worden. – Zur Kritik vgl. *Czermak/Hilgendorf* 2018, 191–205 und https://weltanschauungsre cht.de/Staatskirchenvertraege.

ges und geordnetes Leben führen. Der Senat hält es deshalb für geboten, dass der Verurteilte die Strafe voll verbüßt." Mit der Verfassungsbeschwerde machte der Häftling einen Verstoß gegen die Art. 3, 4 und 5 GG geltend. Im Ergebnis lehnte das BVerfG den Antrag ab, weil er die Glaubensabwerbung mit zumindest unlauteren Mitteln betrieben habe.

Was die persönliche Glaubensfreiheit anbelangt, enthält die Entscheidung im Wesentlichen nur Selbstverständliches. Eine vielzitierte Passage lautet: „Nach dem Grundgesetz gewährleistet die Glaubensfreiheit dem Einzelnen einen Rechtsraum, in dem er sich die Lebensform zu geben vermag, die seiner Überzeugung entspricht, mag es sich dabei um ein religiöses Bekenntnis oder eine irreligiöse – religionsfeindliche oder religionsfreie – Weltanschauung handeln. Insofern ist die Glaubensfreiheit mehr als religiöse Toleranz, d. h. bloße Duldung religiöser Bekenntnisse oder irreligiöser Überzeugungen." Anerkennenswert an der noch etwas vagen Aussage ist die *ausdrückliche Gleichstellung religiöser und nichtreligiöser Überzeugungen*, für die auch geworben werden dürfe. Zu begrüßen ist auch folgende Aussage: „Kann und darf der *weltanschaulich neutrale Staat* [Hervorheb. Cz] den Inhalt dieser Freiheit nicht näher bestimmen, weil er *den Glauben oder Unglauben seiner Bürger nicht bewerten darf* [Hervorheb. Cz], so soll jedenfalls der Mißbrauch dieser Freiheit verhindert werden." Das war zu Recht nur bezogen auf die Situation im Gefängnis. Kritikwürdig ist demgegenüber folgende Formulierung: „Das Grundgesetz hat nicht irgendeine, wie auch immer geartete freie Betätigung des Glaubens schützen wollen, sondern nur diejenige, die sich bei den heutigen Kulturvölkern auf dem Boden gewisser übereinstimmender sittlicher Grundanschauungen im Laufe der geschichtlichen Entwicklung herausgebildet hat". Diese Ansicht wird als sog. *Kulturadäquanzklausel* bezeichnet, die 15 Jahre später zu Recht wieder aufgegeben wurde.[21] Heute vertritt sie niemand mehr. An dieser Klausel zeigt sich, dass die Vorstellung eines irgendwie christlichen Staats, obwohl mit der Weimarer Verfassung obsolet geworden, nachwirkte und der weltanschauliche Pluralismus trotz des liberalen Geistes des GG noch kein Thema war.

Zur Einordnung sollte man das allgemeine geistige Klima der damaligen Zeit berücksichtigen. Im Rechtsbereich hatte das *katholische Naturrechtsdenken* breiten Raum gewonnen und bestimmte das Denken. Das katholische Naturrecht ging von einer angeblich unveränderlichen göttlichen Ordnung aus, der *lex aeterna*, und von einem durch die Vernunft erkennbaren natürlichen Sittengesetz. Starke Kräfte waren von Beginn der

---

21 In BVerfGE 41, 29 (50): *Christliche Gemeinschaftsschule in Baden-Württemberg.*

Tätigkeit des Parlamentarischen Rats 1948 an bestrebt, die Rechtsordnung in christlichem Sinn zu gestalten. Der Einfluss des naturrechtlichen Denkens auf die Rechtsprechung war, ungeachtet des textlichen Inhalts der Verfassung einschließlich der Weimarer Kirchenartikel, enorm.[22] Das gesamte Religionsverfassungsrecht (Staatskirchenrecht) der Weimarer Zeit war, wie der Rechtsgelehrte Hans Heinrich Rupp 1969 rückblickend feststellte, nahezu auf den Kopf gestellt worden: „Die staatskirchenrechtlichen Artikel der Weimarer Reichsverfassung, vom Grundgesetz *en bloc* rezipiert, wurden mit Hilfe höchst fragwürdiger und bis dahin in der Rechtswissenschaft unbekannter Methoden mit neuen Inhalten gefüllt und dem neuen staatskirchenrechtlichen Verständnis dienstbar gemacht. Diese Umdeutung fand in atemberaubender Schnelligkeit allgemeine Anerkennung und Eingang in die gesamte Staatskirchenrechtslehre und die Rechtsprechung.“[23] Die Juristen sprachen allgemein vom „Bedeutungswandel" der Weimarer „Kirchenartikel", und gemeint war ihre Verkirchlichung. Der bekannte Politologe Thomas Ellwein diagnostizierte in seinem materialreichen Buch „Klerikalismus in der deutschen Politik" (1955) eine beängstigende Klerikalisierung. Einschlägige Judikate oberster Bundesgerichte, insbesondere des Bundesgerichtshofs (BGH), wirken heute teilweise wie Stilblüten.

So hieß es in der Begründung einer Entscheidung des Großen Strafsenats des BGH im Jahr 1954 zur Frage des *Sittengesetzes* und der Strafbarkeit der elterlichen Duldung des *Geschlechtsverkehrs zwischen Verlobten* als Kuppelei: „Die sittliche Ordnung will, dass sich der Verkehr der Geschlechter grundsätzlich in der Einehe vollziehe, weil der Sinn und die Folge des Verkehrs das Kind ist ... Die unbedingte Geltung der ethischen Norm lässt keine Ausnahme zu.“[24] Das entsprach genau dem offiziellen katholischen Leitbild der Ehe. Auch in der Frage der Strafbarkeit *unterlassener Hilfeleistung* gegenüber einem Suizidenten entsprach der BGH der katholischen Lehre. Er schrieb: „Da das Sittengesetz jeden Selbstmord – von äußersten

---

22 Vgl. eindrucksvoll statt aller *H. Simon*, Katholisierung des Rechtes? Zum Einfluß katholischen Rechtsdenkens auf die gegenwärtige Gesetzgebung und Rechtsprechung, 1962 (Bensheimer Hefte 16); *A. Langner*, Der Gedanke des Naturrechts seit Weimar und in der Rechtsprechung der Bundesrepublik, 1959 (umfangreich); *T. Tomandl*, Der Einfluß des katholischen Denkens auf das positive Recht, 1970; ferner *H. Weinkauff*, Der Naturrechtsgedanke in der Rechtsprechung des Bundesgerichtshofes, NJW 1960, 1689 ff.

23 *H. H. Rupp* in: Anstöße. Berichte aus der Arbeit der evangelischen Akademie Hofgeismar H. 1/2 (1969), 9/10.

24 BGHSt 6, 46 (53), B. 17. 2. 1954.

Ausnahmefällen vielleicht abgesehen – streng missbilligt, da niemand selbstherrlich über sein eigenes Leben verfügen und sich den Tod geben darf, kann das Recht nicht anerkennen, dass die Hilfepflicht des Dritten hinter dem sittlich missbilligten Willen des Selbstmörders zu seinem eigenen Tode zurückzustehen habe...“[25] Dabei waren auch damals der Suizid („Selbstmord“) und somit auch Beihilfe hierzu nicht strafbar.

Berücksichtigt man dieses gesellschaftspolitische und justizielle Klima[26], wird man die Begründung der Tabakfall-Entscheidung des BVerfG im Ergebnis sogar als relativ fortschrittlich ansehen müssen.

BVerfGE 19, 1, B. 28. 4. 1965 – 1 BvR 346/61: Gebührenfreiheit für Neuapostolische Kirche

Bereits am Beginn einer *neuen, freiheitlicheren Phase des Religionsrechts* stand dieser Senatsbeschluss, in dem der *Neuapostolischen Kirche K. d. ö. R. von NRW* durch eine mit dem Gleichheitsgrundsatz (Art. 3 I GG) vereinbare Gesetzesinterpretation Gebührenfreiheit in einer Grundbuchsache zugebilligt wurde. Die Gründe enthalten interessante Punkte. Zwar dürfe zwischen Religionsgemeinschaften *differenziert* werden, aber nicht aus sachfremden Gründen wie im Streitfall (zusätzliche Verstärkung der ohnehin gegebenen Ungleichheit). Positiv ist auch zu vermerken, dass *Tradition* nicht als Grund für eine rechtliche Differenzierung anerkannt wurde. Die Frage der Zulässigkeit einer Differenzierung zwischen körperschaftlichen und privatrechtlichen Religionsgemeinschaften spielte im Streitfall zwar keine Rolle, weil die Neuapostolische Kirche entsprechend der gesetzlichen Anforderung als Körperschaft gem. Art. 137 V WRV/140 GG anerkannt war. Es wäre aber sehr hilfreich gewesen, wenn das Gericht in einem (hier ausnahmsweise angebrachten) *Obiter Dictum* die Frage aufgeworfen hätte, ob nicht auch privatrechtliche Religionsgemeinschaften in der Gebührenfrage wie öffentlich-rechtliche behandelt werden müssen. Das hat Auswirkungen bis heute. Denn immer noch werden privatrechtliche Religionsgemeinschaften häufig schlechter behandelt als öffentlich-rechtliche, obwohl das sachlich meist nicht begründbar ist. Fehlende Problemsicht zeigte sich insbesondere bei der Bemerkung, der Abschluss von *Kirchenver-*

---

25 BGHSt 6, 147 ff.
26 Allgemein zur gesellschaftlichen Lage: *T. Ellwein*, Klerikalismus in der deutschen Politik, 1955; *T. Gauly*, Katholiken – Machtanspruch und Machtverlust, 1991.

trägen stehe völlig im Belieben des Staates. Diese Ansicht hatte das Gericht schon früher vertreten, aber nicht näher begründet.

BVerfGE 19, 206, U. 14. 12. 1965 – 1 BvR 413, 416/60: Badische Kirchenbausteuer

Zwei gewerbliche Gesellschaften hatten sich gegen Kirchensteuerbescheide der katholischen bzw. evangelischen Kirche gewandt, die gegen sie als Juristische Personen erhoben worden waren. Nach dem einschlägigen, auf das Jahr 1922 zurückgehenden Gesetz waren „steuerpflichtig Körperschaften, Personenvereinigungen und Vermögensmassen, die im Geltungsbereich der erwähnten Gesetze Grundbesitz oder Gewerbebetriebe unterhalten." Die Klagen blieben in allen Instanzen erfolglos. Das BVerfG gab den Verfassungsbeschwerden statt.

Dieses Urteil war bahnbrechend und kann als ein *verfassungsrechtlicher Leuchtturm* bezeichnet werden. Das BVerfG erläuterte im Einzelnen, dass Religionsgesellschaften keine hoheitlichen Befugnisse gegenüber Nichtmitgliedern haben können, und dass Juristische Personen keine Kirchensteuer zahlen müssen. Anlässlich dieses Falles beschäftigte sich das Gericht eingehend mit der Bedeutung der Weimarer Kirchenartikel mit dem einleuchtenden Ergebnis, es handele sich aufgrund der „Einheit der Verfassung als eines logisch-teleologischen Sinngebildes" um vollgültiges Verfassungsrecht gleichen Ranges mit den übrigen GG-Artikeln. Eine Bekräftigung schon früherer Rechtsprechung ist folgende Aussage: „Das Herkommen … ist schon seiner Natur nach nicht geeignet, sich gegenüber einer entgegenstehenden verfassungsrechtlichen Neuordnung durchzusetzen (vgl. BVerfGE 15, 337 [345]; BVerfG NJW 1965, 1427 f.)".

Das Staat-Kirche-Verhältnis als Bestandteil der verfassungsmäßigen Ordnung i. S. des Art. 2 I GG wird skizziert. Dabei gehört folgende *bahnbrechende Passage* zu den bis heute prominentesten Aussagen in der gesamten bisherigen Geschichte des BVerfG: „Das Grundgesetz legt durch Art. 4 I, Art. 3 III, Art. 33 III GG sowie durch Art. 136 I und IV und Art. 137 I WRV in Verbindung mit Art. 140 GG dem Staat als Heimstatt aller Staatsbürger ohne Ansehen der Person weltanschaulich-religiöse Neutralität auf. Es verwehrt die Einführung staatskirchlicher Rechtsformen und untersagt auch die Privilegierung bestimmter Bekenntnisse."[27] Das ist die, später vielfach wiederholte, *Grundformel des Gerichts zur weltanschaulich-religiösen Neutrali-*

---

27 BVerfGE 19, 206 (216).

tät des Staats.[28] Sie reichte für den Fall (keine Kirchensteuerpflicht für Nichtzugehörige) aus. In zahlreichen künftigen Fällen mit Bezug zur Neutralitätsproblematik wurde sie aber nie präzisiert, obwohl das dringend nötig gewesen wäre. Die Entscheidung enthält ein großes Potential hinsichtlich der weltanschaulichen Gleichheit. Das BVerfG hat es aber trotz häufiger verbaler Zitierung der oben wiedergegebenen Passage nur wenig genutzt und nicht selten sogar ignoriert.

BVerfGE 19, 268, U. 14. 12. 1965 – 1 BvR 606/60: Kirchensteuer bei glaubensverschiedener Ehe (Besonderes Kirchgeld)

Eine Konsequenz aus der soeben beschriebenen Grundsatzentscheidung sind zwei Urteile vom selben Tag, wonach die Heranziehung eines Ehepartners, der keiner kirchensteuerberechtigten Religionsgemeinschaft angehört, zur Kirchensteuer des anderen mit dem GG unvereinbar ist, und zwar auch hinsichtlich der Haftung. Das BVerfG hat damit den damaligen Halbteilungsgrundsatz zur kirchlichen Besteuerung bei glaubensverschiedener Ehe für verfassungswidrig erklärt, da er die Einkommen beider Ehegatten besteuerte und folglich gegen den Grundsatz der Individualbesteuerung verstieß. Daraus folgte, dass – anders als bei konfessionsgleicher oder konfessionsverschiedener Ehe – nicht beide Ehegatten kirchensteuerpflichtig sind, sondern lediglich der kirchenangehörige Ehepartner. Erzielt dieser kein eigenes Einkommen, kann keine Kircheneinkommensteuer erhoben werden.

Dieses durch Art. 4 I, II GG vorgezeichnete Ergebnis missfiel dem BVerfG offenbar und veranlasste es zu dem Hinweis an die Kirche, sie könne vom nicht kirchensteuerpflichtigen Kirchenmitglied ein *Kirchgeld* nach Maßgabe des sog. Lebensführungsaufwands in Anlehnung an die Einkommensteuer des nicht kirchenangehörigen und damit nicht kirchensteuerpflichtigen Ehegatten erheben. Ausgangsbasis war die damalige „Hausfrauenehe" bzw. Alleinverdienerehe. Mit der Begründung, dass der Lebensführungsaufwand ja am „gemeinsam zu versteuernden Einkommen der Ehegatten" bemessen werden dürfe, wurde das Besondere Kirchgeld in den Folgejahren von Kirchen, Behörden und Gerichten entgegen dem BVerfG auch auf Doppelverdienerehen, also auf Kirchenmitglieder mit eigenem

---

28 Der Neutralitätsbegriff wurde in der Rspr. des BVerfG trotz häufiger Bezugnahme und weiterer Fallgestaltungen noch nie grundsätzlich geklärt. Die literarische Diskussion wurde meist streitig geführt. Zum Ganzen näher in Abschnitt 7 e.

Einkommen, ausgedehnt. Die Kirchensteuergesetze und Kirchensteuerord-nungen der Länder sind insoweit unbestimmt. Bei einer glaubensverschie-denen Ehe und Zusammenveranlagung zur Einkommensteuer lassen sie sowohl die Kircheneinkommensteuer auf das eigene Einkommen des Kir-chenmitglieds zu als auch das besondere Kirchgeld in Form der Besteue-rung des Lebensführungsaufwands. Die Unbestimmtheit wird mit einer Vergleichsberechnung gelöst: Erhoben wird diejenige Steuer, die im jewei-ligen Einzelfall den höheren Betrag aufweist.[29]

Betroffen vom Besonderen Kirchgeld sind in Deutschland mindestens eine Million glaubensverschiedene Ehen[30], davon etwa die Hälfte Doppel-verdienerehen[31].

Das *Besondere Kirchgeld* erzeugte in den vergangenen Jahren viel Unmut und zahllose Rechtsstreitigkeiten mit einer größeren Zahl von z. T. diffizi-len Rechtsfragen. Im praktischen Ergebnis geht es dabei hauptsächlich darum, dass gutverdienende nichtkirchliche Ehepartner, wirtschaftlich be-trachtet, zwangsweise eine Religionsgemeinschaft finanzieren müssen, aus der sie zumeist bewusst ausgetreten sind.

Vom Besonderen Kirchgeld sind Angehörige verschiedener Religions- oder Weltanschauungsgemeinschaften betroffen. So führt diese Besteue-rung beispielsweise auch dazu, dass eine Muslima, die als Unternehmerin ein sechsstelliges Jahreseinkommen hat, mittelbar Kirchensteuer zahlen muss, weil ihr Ehemann Mitglied der evangelischen Kirche ist und „nur" ein hohes fünfstelliges Einkommen erzielt.[32]

Das Skandalöse dabei ist, dass derselbe Senat am selben Tag unter ge-nauer Angabe von GG-Normen erklärte, die weltanschaulich-religiöse Neutralität untersage die Privilegierung bestimmter Bekenntnisse (s. oben zu BVerfGE 19, 206). War es keine Privilegierung insbesondere der großen Kirchen, ihnen, die selber zahlreiche Juristen beschäftigten, anlasslos und

---

29 Eine typische Formulierung lautet: „Es ist eine Vergleichsberechnung zwischen der Kirchensteuer vom Einkommen und dem Kirchgeld in glaubensverschiede-ner Ehe durchzuführen, wobei der höhere Betrag festgelegt wird." (Ev. Landes-kirche Baden). Zum Vorstehenden V. *Korndörfer/J. Neumann* in: Neumann/Czer-mak/Merkel/Putzke (Hg.): Aktuelle Entwicklungen im Weltanschauungsrecht, 2019, 291 ff.

30 https://kirchgeld-klage.info.

31 https://kirchgeld-klage.info/zur-rechtslage/rechtlage-bei-bkg-texte/#II%201.3.

32 Der geschilderte Fall wird vom Institut für Weltanschauungsrecht (ifw) betreut und ist derzeit beim Bundesverfassungsgericht anhängig (Stand März 2021). Für weiterführende Erläuterungen siehe https://weltanschauungsrecht.de/meldung/w arum-muslima-kirchensteuer-zahlt.

ungefragt Hinweise zur – voraussehbar problematischen – Zulässigkeit einer äußerst schöpferischen Methode zur wirtschaftlichen Ausnutzung Andersdenkender zu geben? Noch fünf Jahre zuvor hatte derselbe Senat zudem im Tabak-Fall ausdrücklich erklärt, die Glaubensfreiheit gewähre einen Rechtsraum zur persönlichen Lebensgestaltung, unabhängig davon, ob es sich „um ein religiöses Bekenntnis oder eine irreligiöse – religionsfeindliche oder religionsfreie – Weltanschauung" handelt. Dem – mangels eigenen Einkommens kirchensteuerfreien – Partner die Mittel zur angemessenen Unterstützung seiner Kirche zu geben, muss Sache der Eheleute untereinander sein. In Doppelverdienerehen, in denen zweifelsfrei Kircheneinkommensteuer vom Kirchenmitglied erhoben werden könnte, existiert erst recht keine Rechtfertigung für diese Form der Besteuerung. Im Ergebnis handelte es sich hier um ein nicht konkret veranlasstes *Obiter Dictum*, d. h. eine nicht entscheidungserhebliche Nebenbemerkung, zugunsten der beiden Großkirchen mit weitreichenden (finanziellen) Folgen für die Betroffenen.

Siehe zum Besonderen Kirchgeld näher unten, BVerfG-K vom 28. 10. 2010.

BVerfGE 20, 40, B. 20. 4. 1966 – 1 BvR 16/66: Kirchensteuer bei konfessionsverschiedener Ehe

Diese Entscheidung wurde zu Recht viel kritisiert. Es geht um Ehen, in denen beide Partner unterschiedlichen Religionsgemeinschaften angehören, die beide Kirchensteuer erheben. Die Eheleute dürfen nach BVerfG bei Zusammenveranlagung auch hinsichtlich der Kirchensteuer zusammenveranlagt werden, weil sie eine getrennte Veranlagung hätten wählen können. Das Gericht ignoriert, dass kein notwendiger Zusammenhang zwischen der Regelung bezüglich der Einkommensteuer und der Kirchensteuer besteht. Das heißt: Das BVerfG behandelt Kirchensteuerpflichtige unterschiedlich, je nachdem ob der Ehepartner einer steuererhebenden oder nicht steuererhebenden oder gar keiner Konfession angehört. Das kann wegen Art. 3 III 1 GG (Anknüpfungsverbot), aber auch nach Art. 3 I GG (Allgemeiner Gleichheitssatz, subsidiär) nicht rechtens sein. Im Übrigen ist der Staat nicht befugt, bei der konfessionsverschiedenen Ehe von sich aus eine Aufteilung zwischen den beiden Religionsgemeinschaften vorzunehmen, zumal dann, wenn ein Partner die Religionsgemeinschaft des anderen nicht unterstützen will. Im Übrigen kann entgegen der Ansicht des

BVerfG von einer *freien Wahl* zwischen Zusammen- und Getrenntveranlagung bei lebensnaher Betrachtung keine Rede sein.

Wichtig ist die gleichzeitig erfolgte fragwürdige und nicht begründete Behauptung, der *staatliche Kirchensteuereinzug* sei zulässig. Das ist aber sehr problematisch im Hinblick auf das in Art. 137 I enthaltene Gebot strikter organisatorischer Trennung und wird von Art. 137 VI WRV auch nicht gefordert.[33]

BVerfGE 22, 180, U. 18. 7. 1967 – 2 BvF 3–8 u. a.: Sozialhilfe-Urteil

Dieses Urteil ist aus weltanschaulicher Sicht zwiespältig, im praktischen Ergebnis aber sehr folgenreich für das deutsche Sozialwesen mit seinen oft monopolartigen religiösen Einrichtungen in einer immer säkulareren Gesellschaft. Seinerzeit, 1961, wurde das bis dahin geltende bewährte System des Vorrangs sozialer Einrichtungen der öffentlichen Hand umgekehrt in einen *Vorrang der freien, d. h. in der Praxis vorwiegend kirchlichen Einrichtungen.* Einen sachlichen Grund, abgesehen von einer unmittelbar bevorstehenden Bundestagswahl, gab es nicht. Eine Begründung mit dem sog. Subsidiaritätsprinzip der katholischen Soziallehre hält einer Kritik nicht stand. Der zunächst plausible Gedanke, was eine kleinere Einheit selbst gut zu leisten vermöge, solle nicht einer übergeordneten Einheit übertragen werden, erweist sich angesichts der Komplexität der sozialen und gesundheits-

---

33 Art. 137 VI WRV/140 GG garantiert nur die auf Landesrecht beruhende Steuererhebung aufgrund der bürgerlichen Steuerlisten. Da es diese Steuerlisten längst nicht mehr gibt, bedeutet die Garantie, dass der Staat alle Daten zur Verfügung stellen muss, die zu einer geordneten Steuerverwaltung erforderlich sind. Die Beitreibung erfolgt durch hoheitlichen Verwaltungszwang. Nach allgemeiner Rechtsansicht *erfordert* Art. 137 VI WRV keine staatliche Kirchensteuerverwaltung. Die Kirchensteuergesetze räumen den Religionsgemeinschaften aber die Möglichkeit ein, die Kirchensteuer gegen Entgelt durch die Finanzämter verwalten zu lassen. Dass es auch anders geht, ist der Grundansatz der Gesetze. Nur in Bayern haben sich die Katholische Kirche und die Evangelische Landeskirche dazu entschieden, die Kirchen*einkommen*steuer (nicht: Lohnsteuer) in eigenen Kirchensteuerämtern zu verwalten. – Die Frage der *verfassungsrechtlichen* Zulässigkeit der staatlichen Kirchensteuerverwaltung wird kaum gestellt. Letztere verstößt gegen das Trennungsgebot des Art. 137 I WRV. Es bedeutet unbestritten, dass staatliche und kirchliche Organe formal streng getrennt sein müssen. Die enge Zusammenarbeit von Finanzämtern und Kirchen unterläuft das Gebot der Trennung von Staat und Religion („gemeinsame Angelegenheit"). Eine verfassungsrechtliche Rechtfertigung ist nicht erkennbar. S. näher zum Ganzen *Czermak/ Hilgendorf* 2018, 145–147.

politischen Tatbestände als Leerformel, wie Roman Herzog eindrucksvoll nachgewiesen hat.[34] Zwei Bundesländer und vier Großstädte hatten als Beschwerdeführer u. a. einen Verstoß gegen Art. 4 GG und die Bevorzugung der finanzstarken, insbesondere der konfessionellen Verbände gerügt. Zu Lasten der jeweiligen religiösen Minderheit werde eine das Gleichheitsgebot verletzende Disparität zwischen den verschiedenen Trägern der Jugendhilfe erzwungen.

Das BVerfG hat lediglich pauschal gefordert, Art. 4 I, II GG müsse beachtet werden. Die neue Vorrangregelung verletze den Art. 4 GG nicht, weil ihr zufolge den Wünschen der Hilfeempfänger auch in konfessioneller Hinsicht entsprochen werden solle. Die Frage, ob stets eine geeignete weltanschaulich akzeptable Einrichtung in zumutbarer Entfernung zur Verfügung steht und was das im Fall der Verneinung für das Grundrecht des Art. 4 GG bedeutet, hat das BVerfG in seiner unangemessen knappen einschlägigen Passage nicht einmal gestellt. Dabei musste sich doch der Gedanke aufdrängen, dass Art. 4 bzw. das erst zwei Jahre zuvor (vom anderen Senat) so beschworene Neutralitätsgebot nur beim Vorhandensein einer weltanschaulich neutralen *Grundversorgung* gewährleistet sein konnte. Die hier *gebotene* Klarstellung hat das BVerfG aber nicht vorgenommen. Auch, dass Art. 4 GG nicht einmal in den ausführlichen Leitsätzen erwähnt wurde, hat dazu geführt, dass im westdeutschen Sozialwesen die Zahl der kirchlichen Einrichtungen etwa zwischen 1970 und 1990 explosionsartig in die Höhe gegangen ist, zu Lasten kommunaler, staatlicher und freier nichtkirchlicher Einrichtungen. Zum Caritasverband und zum Diakonischen Werk gehören heute zusammen etwa 50.000 rechtlich selbständige Trägerverbände. Etwa die Hälfte sämtlicher Arbeitnehmer des gesundheitlich-sozialen Bereichs sind in kirchlichen Einrichtungen tätig. Es handelt sich um 1,2 bis 1,5 Millionen Menschen (die zahlenmäßige Erfassung ist sehr kompliziert). Zudem bestehen zahlreiche kirchliche Monopole und Teilmonopole, was mit Art. 4 GG kollidiert. In vielen Regionen sind weltanschaulich neutrale Kindergärten, Altenheime usw. nicht oder nicht auf zumutbare Weise zu erreichen.[35]

---

34 R. *Herzog*, Subsidiaritätsprinzip und Staatsverfassung, Der Staat 1963, 399–423.
35 Eine Fülle statistischen Materials zum kirchlichen Sozialwesen bietet C. *Frerk*, Violettbuch Kirchenfinanzen, 2010.

BVerfGE 24, 236, B. 16. 10. 1968 – BvR 241/66: Aktion Rumpelkammer

Im folgenden Jahr hat das BVerfG einen aus Sicht der weltanschaulichen Neutralität und individuellen Religionsfreiheit verhängnisvollen Beschluss verkündet.[36] Die Entscheidung bedeutet eine grundrechtsdogmatisch vielkritisierte *extreme Überdehnung der Religionsausübungsfreiheit* (Art. 4 II GG) und den *Beginn einer Fehlentwicklung* hinsichtlich des Komplexes der sozialen Einrichtungen zugunsten religiöser Träger. Das BVerfG hat nämlich in späteren Entscheidungen den einzelnen kirchlichen Sozialeinrichtungen, obwohl keine Religionsgemeinschaften im Sinn des Grundgesetzes, die eigenständige Berufung auf das Grundrecht des Art. 4 I, II GG ermöglicht. Zudem hat es das *Selbstverwaltungsrecht* des Art. 137 III WRV zu einem kirchlichen *Selbstbestimmungsrecht* ausgebaut und ein ungewöhnliches System des Arbeitsrechts in kirchlichen Einrichtungen ermöglicht, das weit über den normalen arbeitsrechtlichen Tendenzschutz hinausgeht.[37]

Ausgangspunkt war der banale Sachverhalt, dass eine bundesweit von der Katholischen Landjugendbewegung durchgeführte „Aktion Rumpelkammer" (Sammlung von gebrauchter Kleidung, Lumpen und Altpapier und Verkauf an Großabnehmer) von den Kanzeln angekündigt wurde. Der Betreiber einer Rohstoffgroßhandlung erlitt deutliche Einbußen und erreichte nach gegenteiliger Entscheidung des Amtsgerichts beim Landgericht das Verbot der Kanzelwerbung wegen unlauteren Wettbewerbs, was wettbewerbsrechtlich keineswegs zwingend war.

Das BVerfG erfand in der Entscheidung zur Verfassungsbeschwerde der Landjugend eine *völlig neue Religionsausübungsfreiheit* (Art. 4 II GG). Entgegen der historischen Entwicklung und ohne jeglichen Anhalt in der Entstehungsgeschichte des Art. 4 erklärte es, zur Religionsausübung gehörten „nicht nur kultische Handlungen und Ausübung sowie Beachtung religiöser Gebräuche" einschließlich atheistischer Feiern, sondern auch „andere Äußerungen des religiösen und weltanschaulichen Lebens".

Da die „Religionsausübung" zentrale Bedeutung für jeden Glauben und jedes Bekenntnis habe, müsse dieser Begriff gegenüber seinem historischen Inhalt extensiv ausgelegt werden. Das Grundrecht aus Art. 4 I und II GG

---

36 BVerfGE 24, 236: *Aktion Rumpelkammer* (auch: Lumpensammler-Entscheidung).

37 Einführend zum Arbeitsrecht im kirchlichen Bereich *Czermak/Hilgendorf* 2018, 227–234; *I. Matthäus-Maier* und *T. Müller-Heidelberg* in: Neumann/Czermak/Merkel/Putzke (Hg.), Aktuelle Entwicklungen im Weltanschauungsrecht, 2019, 313–332 bzw. 333–343 sowie mein Artikel Arbeitsrecht: https://weltanschauungsrecht.de/arbeitsrecht.

stehe nicht nur Kirchen, Religions- und Weltanschauungsgemeinschaften zu, sondern auch Vereinigungen, die sich nicht die allseitige, sondern nur die partielle Pflege des religiösen oder weltanschaulichen Lebens ihrer Mitglieder zum Ziel gesetzt haben. Voraussetzung dafür sei aber, dass der Zweck der Vereinigung gerade auf die Erreichung eines solchen Zieles gerichtet sei.

Die Beschwerdeführerin sei zwar organisatorisch in die Katholische Kirche nicht eingegliedert, ihr aber dennoch institutionell verbunden, was näher ausgeführt wurde. Ihr stehe deshalb das Grundrecht der ungestörten Religionsausübung zu. Wörtlich: „Die von der Beschwerdeführerin aus religiös-karitativen Motiven veranstalteten Sammlungen und die von ihr veranlaßte Kanzelabkündigung gehören zu der durch Art. 4 II GG geschützten Religionsausübung."

Die Hergabe einer Sache bei einer Sammlung müsse unentgeltlich sein. Die Gabe müsse einer bestimmten religiösen Gesinnung oder Haltung des Spenders, sei es der Barmherzigkeit oder der Nächstenliebe, entspringen oder Ausdruck persönlichen Einsatzes für eine gerechte und gute Sache aus glaubensmäßiger Überzeugung sein. Christliche Liebestätigkeit sei nach dem Selbstverständnis der christlichen Kirchen also etwas anderes als ein sozialer Vorgang.

Die in jüngerer Zeit zunehmende Fachkritik[38] kritisiert zu Recht die *völlige Entgrenzung der Religionsausübungsfreiheit*. Denn seit dieser Entscheidung kann jede beliebige Handlung, deren religiöse Motivierung erfolgreich behauptet wird, zum Schutz des Art. 4 führen, während äußerlich identische Handlungen nur den viel leichter einschränkbaren Schutz des Art. 2 GG genießen. Im Übrigen dürfte es oft schwierig sein, das Vorliegen einer religiösen Motivation konkret glaubhaft zu machen, vom Verwaltungsaufwand ganz zu schweigen. Etwas kühn dürfte aus der Sicht anders-

---

38 Gegen die starke Ausweitung des Art. 4 II GG hat sich eine starke Minderheit gewandt: Grundlegend *J. Wieland*, Die Angelegenheiten der Religionsgesellschaften, Der Staat 1986, 321 (332 f., 342 ff.). Aus dem übrigen Schrifttum: *E.-W. Böckenförde*, Schutzbereich, Eingriff, verfassungsimmanente Schranken – zur Kritik gegenwärtiger Grundrechtsdogmatik, Der Staat 2003, 165 (181 ff.); *G. Britz*, Kulturelle Rechte und Verfassung, 2000, 122 ff.; *J. Hellermann*, Die sogenannte negative Seite der Freiheitsrechte, 1993, 138 ff.; *A. Hense*, Glockenläuten und Uhrenschlag, 1998, 205 ff.; *R. Herzog* in: Maunz/Dürig, GG, Art. 4 GG, Rn. 102 ff.; *K.-H. Kästner*, Hypertrophie des Grundrechts auf Religionsfreiheit?, JZ 1998, 974 (979); *S. Muckel* in: Berliner Kommentar zum GG, Art. 4 Rn. 6 f.; *S. Mückl* Bonner Komm., Art. 4, 51 ff. (2008) und andere. Für Einschränkungen auch *C. D. Classen*, Religionsrecht, 2. A. 2015, Rn. 149 ff., 158 f.

denkender Bürger folgender Teil der Begründung sein: „Christliche Liebestätigkeit ist nach dem Selbstverständnis der christlichen Kirchen also etwas anderes als ein sozialer Vorgang, der sich in der Fürsorge für Arme,
Elende und Bedürftige ... erschöpft und lediglich aus sozialen Gründen
das Existenzminimum des Nächsten sichert." Das heißt nichts anderes, als
dass das bloße Hinzutreten des christlichen Glaubens den qualifizierteren
Schutz des Art. 4 rechtfertigt, während die „Liebestätigkeit" einer weltanschaulichen Vereinigung, die eine entsprechende Tätigkeit um ihrer selbst
willen ausübt, sich beim Fehlen eines vergleichbar intensiven Selbstverständnisses nicht auf Art. 4 berufen kann.

Genauso bedeutsam ist die *Erweiterung der Eignung, Träger des Grundrechts aus Art. 4 GG zu sein:* „Das Grundrecht aus Art. 4 I und II GG steht
nicht nur Kirchen, Religions- und Weltanschauungsgemeinschaften zu,
sondern auch Vereinigungen, die sich nicht die allseitige, sondern nur die
partielle Pflege des religiösen oder weltanschaulichen Lebens ihrer Mitglieder zum Ziel gesetzt haben." Dieses Verständnis steht im Gegensatz zur
strengen Prüfung, ob ein umfassendes Sinnsystem vorliegt, das notwendig
ist, um als Religionsgemeinschaft das Grundrecht aus Art. 4 I, II GG in Anspruch nehmen zu können.

Das im Ergebnis große Zugeständnis der Entscheidung an speziell kirchliche Interessen war folgenreich.

BVerfGE 35, 366, B. 17. 7. 1973 – 1 BvR 308/69: Kreuz im Gerichtssaal

Eine durch einen jüdischen Anwalt vertretene jüdische Klägerin wurde in
einem Wiedergutmachungsprozess mit einem – damals in Nordrhein-
Westfalen weithin üblichen – ca. 75 cm großen Standkruzifix auf dem
Richtertisch konfrontiert. Der dadurch ausgeübte religiös-weltanschauliche Zwang *könne*, so das Gericht, das Grundrecht eines Prozessbeteiligten
aus Art. 4 I GG verletzen. Im Streitfall stelle der Zwang zum „Verhandeln
unter dem Kreuz" eine „unzumutbare innere Belastung" dar.

Der Erfolg der Verfassungsbeschwerde war angesichts einer jahrhun-
dertelangen schweren Verfolgung der jüdischen Bevölkerung im Namen des
Kreuzes eine Selbstverständlichkeit.[39] Soweit die Entscheidungsgründe da-

---

39 Zur religiösen Judenfeindschaft lesenswert: Theologische Realenzyklopädie, Bd.
3, 1978, 113–168; *G. Botsch*, Von der Judenfeindschaft zum Antisemitismus. Ein
historischer Überblick, APuZ H. 28–30, 2014 = https://www.bpb.de/apuz/187412/

rüber hinaus rechtliche Ausführungen enthalten, sind diese mit schwerwiegenden Mängeln behaftet.

Seit dem sog. Elfes-Urteil[40] von 1957 ist es Praxis des BVerfG, bei Zulässigkeit einer Verfassungsbeschwerde das gesamte GG, auch außerhalb der gerügten Grundrechte, zum Prüfungsmaßstab zu nehmen. Das Gericht versteht sich allgemein als Hüter der Verfassung, der für die Einhaltung aller Vorschriften des GG zu sorgen hat, auch wenn solche Verstöße nicht geltend gemacht wurden. Daher lag es nahe, als Wegweisung für künftige Fälle auch die generelle Vereinbarkeit von Gerichtskreuzen mit dem Neutralitätsgebot zu prüfen. Der Senat hatte ja selber darauf hingewiesen, dass dann, wenn ein Gebäude oder ein Raum mit einem Kreuz versehen sei, auch heute der Eindruck naheliege, „dadurch solle eine enge Verbundenheit mit christlichen Vorstellungen bekundet werden." Derselbe Senat hatte sich 1965 eindringlich zur Begründung des Neutralitätsgebots und des Verbots der staatlichen Privilegierung bestimmter Bekenntnisse geäußert.[41] Jetzt begnügte er sich nicht mit der Feststellung eines Verstoßes gegen Art. 4 GG, sondern sprach die religiös-weltanschauliche Neutralität naheliegender Weise zumindest an. Er hätte das aber *lege artis* tun müssen. Stattdessen stellte er die Behauptung auf, auf die generelle Problematik der Kreuze in Gerichtssälen und der religiös-weltanschaulichen *Neutralität brauche nicht eingegangen zu werden*. Denn das würde „rechts- und justizgeschichtliche[n] Untersuchungen" sowie ein „Eingehen auf die verschiedenen Verhältnisse und Anschauungen in den einzelnen Landesteilen der Bundesrepublik erfordern". Umfang und Tragweite einer solchen Prüfung stünden in keinem vertretbaren Verhältnis zu der Bedeutung des hier zu entscheidenden Sonderfalles.

Das war nicht einleuchtend. Die gewählte Formulierung lässt nicht erkennen, was Neutralität im Kern bedeuten soll (nämlich Unparteilichkeit) und weshalb justizgeschichtliche und soziologische Untersuchungen erforderlich seien. Derselbe Senat hatte einige Jahre zuvor schon erklärt, das Herkommen sei „schon seiner Natur nach nicht geeignet, sich gegenüber einer entgegenstehenden verfassungsrechtlichen Neuordnung durchzusetzen (vgl. BVerfGE 15, 337 [345]; BVerfG NJW 1965, 1427 f.)."[42] Tradition

---

von-der-judenfeindschaft-zum-antisemitismus; aus der überbordenden übrigen Lit. s. eingehend und immer noch aktuell G. *Czermak*, Christen gegen Juden, zuletzt 1997 und F. *Heer*, Gottes erste Liebe, 1967, auch 1986 und 2003 (monumental).

40 BVerfGE 6, 32 (37 f.): *Elfes*.
41 BVerfGE 19, 206 (216): *Badische Kirchenbausteuer* (s. oben).
42 BVerfGE 19, 206 Rn. 61: *Badische Kirchenbausteuer*, 1965.

als solche ist nie ein Rechtsargument. Die zudem behauptete Erforderlichkeit regionaler Untersuchungen würde voraussetzen, dass weltanschauliche Neutralität als solche regional bzw. landesspezifisch unterschiedliche Bedeutung haben könnte, so dass das religiöse Kreuzsymbol je nach Örtlichkeit neutral oder nicht neutral sein kann. Dabei lag ja nach Ansicht des Senats ohnehin der Eindruck nahe, mit dem Kreuzsymbol solle eine enge Verbundenheit mit christlichen Vorstellungen verbunden werden (s. o.).

Die Ausführungen bedeuten, dass sich das Gericht mit unseriösen Bemerkungen um eine konkret brauchbare Erläuterung des Neutralitätsgebots und um eine staatsrechtliche Grundsatzfrage herumgedrückt hat. Die Folgen dauern bis heute an: Gerichtskreuze in nennenswerter Zahl in NRW, in allen bayerischen Zivil- und Strafgerichten, in zahllosen kommunalen Sitzungssälen, in Rheinland-Pfalz sogar noch heute (Stand 2020) im Sitzungssaal des Verfassungsgerichtshofs. Das gibt es nicht einmal in Bayern.

Ein interessanter Nebenaspekt ist der Umstand, dass der spätere Bundesverfassungsrichter Ernst-Wolfgang Böckenförde im Auftrag der Deutschen Bischofskonferenz zur Problematik des Kreuzes im Streitfall ein umfangreiches Gutachten erstattet hat. Er kam mit eindringlichen Worten zum Ergebnis, Kreuze in Gerichtssälen seien stets unzulässige Staatsrepräsentation und „geeignet, das öffentliche Vertrauen in die staatliche Rechtsprechung als eine religiös-weltanschaulich neutrale zu beeinträchtigen".[43] Er durfte das Gutachten dem BVerfG aber nicht vorlegen[44].

BVerfGE 39, 1 = NJW 1975, 573, U. v. 25. 2. 1975 – 1 BvF 1–6/74:
Schwangerschaftsabbruch I[45]

Nach jahrelangen hitzigen, die Gesellschaft vergiftenden Debatten beschloss der Bundestag 1974 eine klare Fristenregelung (Straflosigkeit des

---

43 *E.-W. Böckenförde*, Kreuze (Kruzifixe) in Gerichtssälen? Zeitschr. für evangelisches Kirchenrecht 1975, 119 ff.; näher zur Unzulässigkeit des Kreuzsymbols in Gerichten und anderen öffentlichen Einrichtungen: *G. Czermak* in: Czermak/Hilgendorf 2018, 103 f. mit zahlr. Nachw.

44 So *E.-W. Böckenförde* a. a. O.

45 Ausführlich *G. Czermak*, Artikel Schwangerschaftsabbruch im ifw-Lexikon, https://weltanschauungsrecht.de/Schwangerschaftsabbruch, mit Lit.; *E. Hilgendorf*, Die Entwicklung des Rechts des Schwangerschaftsabbruchs in: Das Strafgesetzbuch, Sammlung der Änderungsgesetze und Neubekanntmachungen, Supplementband 1, 2004, 265–278 (Strafrechtsentwicklung 1975–2000).

Schwangerschaftsabbruchs innerhalb der ersten 12 Wochen), die auch dem Willen der Mehrheit der alten Bundesrepublik entsprach. 192 Abgeordnete von CDU und CSU stellten dagegen beim BVerfG Antrag auf abstrakte Normenkontrolle (Art. 93 I Nr. 2 GG), der zur Nichtigerklärung der Regelung führte. Dabei hatten bei wesentlich gleicher Rechtslage die Verfassungsgerichte von Österreich und Frankreich sowie der US-*Supreme Court* die Fristenlösung gebilligt. Wie brisant die Situation war, zeigte schon der Umstand, dass die Bannmeile um das BVerfG von etwa 1000 Polizisten gesichert wurde. Der Ausgang des Verfahrens war durch eine unaufgeklärte Indiskretion schon länger bekannt. Den Hergang des Prozesses und die neuerdings zugänglichen internen Akten des Gerichts hat der Jurist und Journalist Thomas Darnstädt eingehend dargestellt.[46] Er bezeichnet das auch in Sondervoten zweier Richter (W. Rupp-von Brünneck und H. Simon) scharf kritisierte Urteil als „monströs" und schreibt sogar, nach eingehender juristischer Begründung: „Der Verzicht auf rationale Argumentation gebiert Ungeheuer." Nach einer Allensbach-Umfrage waren 50 % der Bevölkerung mit dem Urteil nicht einverstanden und nur 32 % begrüßten es. Im Ergebnis hat das Gericht die gesellschaftliche Spaltung verfestigt und das Vertrauen in die Justiz und das Ansehen der Rechtswissenschaft schwer beschädigt. Die Folgen sind trotz des moderateren zweiten einschlägigen Urteils von 1993 bis zum heutigen Tag in bioethischen Fragen enorm.

Knapp zusammengefasst besagen die ungewöhnlich umfangreichen Leitsätze Folgendes: Das werdende Leben sei für die gesamte Dauer der Schwangerschaft ein selbständiges, durch Art. 2 II 1 und 1 I GG geschütztes Rechtsgut. Sein Schutz habe grundsätzlich Vorrang vor dem Selbstbestimmungsrecht der Schwangeren, müsse aber nicht immer strafrechtlich erfolgen. Es komme darauf an, dass die Gesamtheit der Maßnahmen zum Schutz des Embryos einen ausreichenden tatsächlichen Schutz gewährleiste. Bei Leibes- und Lebensgefahr für die Schwangere und ähnlichen schwerwiegenden unzumutbaren Belastungen sei Straffreiheit zulässig. Diesen Anforderungen entspreche das (nach, wie gesagt, jahrelangen erbitterten gesellschaftlichen Debatten zustande gekommene) 5. Strafrechtsreformgesetz mit seiner Fristenregelung (Straffreiheit bei Abbruch innerhalb der ersten 12 Wochen durch einen Arzt) nicht.

Die Entscheidung liefert keine eigentlich juristische Begründung für die These, „Jeder" im Sinn des Art. 2 II 1 GG, der das Recht auf Leben und

---

46 *T. Darnstädt*, Verschlusssache Karlsruhe, 2018, 329–374 (zu den Urteilen von 1975 und 1993).

körperliche Unversehrtheit schützt, sei auch das embryonale menschliche Leben. Überdies kann laut GG in diese Rechtsgüter im Grundsatz durch Gesetz eingegriffen werden. Für eine Ausdehnung des *verfassungsrechtlichen* Schutzes auf das werdende Leben geben aber weder der Text, noch die Entstehungsgeschichte des Art. 2 GG etwas her. Eine solche Forderung hatte im Parlamentarischen Rat trotz heftiger Auseinandersetzungen gerade keine Mehrheit gefunden, wie kein Geringerer als Roman Herzog im Detail nachgewiesen hat.[47] Besonders hätte dem Senat auffallen müssen, dass Art. 2 II GG als Schutzadressat nur „Jeder" und „Person" benennt. Ein Embryo ist aber auch nach der (für die Individualisierung maßgeblichen) Einnistung in die Gebärmutter am 14. Tag sicher noch keine „Person". Das dürfte zwar auch bei einem Neugeborenen nicht der Fall sein, aber die Rechtsordnung (s. nur § 1 BGB) spricht Neugeborenen eben seit jeher die Rechtsfähigkeit zu. Mit diesen naheliegenden Argumenten hat sich der Senat nicht befassen wollen. Dabei hatten auch verfassungsrechtlich insoweit vergleichbare Staaten mit gerichtlicher Billigung eine Fristenregelung.

Dass die als juristisch ausgegebene Entscheidungsbegründung unprofessionell ist, wird unterstrichen durch die insgesamt extrem langatmige gerichtliche Erörterung. Dass die menschliche Entwicklung unbestreitbar von der Empfängnis bis nach der Geburt ein kontinuierlicher Prozess ist, kann nicht zur Erweiterung des Begriffs „Jeder" führen. Bei dieser Vorgehensweise liegt ein Zirkelschluss vor. Es geht nicht um den sinnvollen Umfang eines existierenden Grundrechts, sondern gerade um die Frage, ob ein weiteres Grundrecht *überhaupt* zuerkannt werden soll oder nicht. Und gerade das war und ist seit je politisch und rechtlich umstritten und kann dem GG im Gegensatz zur Behauptung des BVerfG nicht entnommen werden.[48] Die Grundthese der Entscheidung (verfassungsrechtlicher Schutz von Anfang an, spätestens ab Nidation) ist somit eine reine Behauptung und keine juristische Begründung. Die Sichtweise der Schwangeren wurde nicht ernsthaft berücksichtigt.

Das Urteil wurde, wie schon eingangs erwähnt, von zwei beteiligten Richtern scharf kritisiert, ebenfalls von zahlreichen Rechtswissenschaftlern, etwa von Josef Esser in seinem Aufsatz „Bemerkungen zur Unent-

---

47 *R. Herzog*, Der Verfassungsauftrag zum Schutze des ungeborenen Lebens, Juristische Rundschau 1969, 442 ff.

48 So auch *H.-G. Dederer* in: Menzel/Müller-Terpitz, Verfassungsrechtsprechung, 3. A. 2017, zu BVerfGE 39, 1. Er erklärt S. 267 Fn. 15: „Die ausführliche Würdigung der Entstehungsgeschichte des Art. 2 II 1 GG ... bietet allerdings ein mehr als fragwürdiges Beispiel für die Methode der historischen Interpretation."

behrlichkeit des juristischen Handwerkszeugs". Dort schrieb er: „Hier war Gelegenheit, *in nuce* den Unterschied von politischer Parteilichkeit und juristischer Methodenehrlichkeit zu demonstrieren. Sie ist vertan."[49]

Besonders wurde schon in den beiden Minderheitsvoten Folgendes kritisiert: Wenn der Gesetzgeber zum Erlass von Strafnormen angehalten werde, könnten die Grundrechte unter der Hand zur Grundlage freiheitsbeschränkender Reglementierungen werden. „Dies verkehrt die Funktion der Grundrechte in ihr Gegenteil", schrieben die Richter Wiltraut Rupp-von Brünneck und Helmut Simon in ihrem eindrucksvollen Sondervotum. Das Gericht habe das *Gebot der richterlichen Selbstbeschränkung* missachtet. Der Gesetzgeber habe sich auch für eine Fristenregelung mit Beratungspflicht entscheiden können, zumal „sich die bisherige Strafdrohung nach der durch Erfahrung erhärteten, unwiderlegten Annahme des Gesetzgebers weitgehend als wirkungslos erwiesen hat."

Da die Anerkennung eines grundrechtlichen Schutzes von frühesten Embryonen unter Verweis auf die Gottesebenbildlichkeit allen menschlichen Lebens in einem weltanschaulich neutralen Staat von vornherein inakzeptabel gewesen wäre[50], war dem Gericht eine solche Begründung verwehrt. Dass entsprechende Erwägungen dennoch ausschlaggebend waren, liegt indes aufgrund der tatsächlich fehlenden juristischen Begründung anhand der anerkannten Methoden nahe.

Der *weltanschauliche Hintergrund* religiös motivierter Entscheidungen wird in Politik und Recht gern verschwiegen. Umso anerkennenswerter war es daher, dass die Minderheitsrichterin Rupp-von Brünneck in ihrem Sondervotum auf den religiösen Zusammenhang hingewiesen hat: „Für den deutschen Rechtsraum verdient Hervorhebung, dass das Kirchenrecht, gestützt auf die Beseelungslehre, bis zum Ende des 19. Jahrhunderts die Abtreibung in der Zeitspanne bis zum 80. Tag nach der Empfängnis als straflos angesehen hat." Seit dem Mittelalter galt in der Rechtspraxis in der Tat die bei den katholischen Theologen dominierende Lehre von der Sukzessivbeseelung[51], was eine Fristenregelung bedeutete. Erst ab 1869 (Pius IX.) setzte sich die Überzeugung von der Simultanbeseelung (Beseelung

---

49 *J. Esser*, Bemerkungen zur Unentbehrlichkeit des juristischen Handwerkszeugs, JZ 1975, 555 (556).
50 *R. Merkel*, Forschungsobjekt Embryo, 2002, 17 f.
51 Beseelung des männlichen Embryos 40 Tage nach Empfängnis und des weiblichen nach 80 Tagen, so die Lehre des Thomas von Aquin. Die Frage der Beseelung war im Christentum von Anfang an umstritten, vgl. etwa *U. Ranke-Heinemann*, Eunuchen für das Himmelreich, ab 1988 (viele Auflagen), Kap. Abtreibung.

zugleich mit der Befruchtung) durch.[52] Eine weitere Voraussetzung der wissenschaftlich nicht begründbaren Beseelungslehre (Beginn der Seele mit der Verschmelzung von Ei- und Samenzelle) ist der Glaube an einen *persönlichen* Gott, der in Deutschland heute bei mindestens 75 % der Gesamtbevölkerung nicht mehr besteht[53] und auch 1975 nicht mehr ganz selbstverständlich war. Eine religiöse Rechtsbegründung ist in einem nichtreligiösen Staat wie dem des GG undenkbar. Dass ein restriktives Verbot des Schwangerschaftsabbruchs damals wie heute *nicht weltanschaulich neutral* begründet werden kann[54], ist wohl offensichtlich. Erstaunlicherweise hat das BVerfG in seiner 1993 erfolgten 2. Entscheidung zum Schwangerschaftsabbruch ausdrücklich erklärt, das Lebensrecht des Ungeborenen sei unveräußerlich, gehe von der Würde des Menschen aus und gelte „unabhängig von bestimmten religiösen oder philosophischen Überzeugungen, über die der Rechtsordnung eines religiös-weltanschaulich neutralen Staates kein Urteil zusteht."

Der unausgesprochen religiöse Hintergrund der Entscheidung zeigt sich indirekt in der manchmal aggressiven Wortwahl der Mehrheitsrichter. Sie sprechen wie die Kirchen vom Sittengesetz und von der Schöpfungsordnung, hielten die eigenverantwortliche Entscheidung der Frauen zum Abbruch (ungeachtet ihrer persönlichen Situation) für eine „willkürliche Entschließung", sprachen von Verwerflichkeit und forderten, das Gesetz müsse generell eine Missbilligung des Schwangerschaftsabbruchs zum Ausdruck bringen. Der religiöse Unmut über andere Meinungen gipfelte darin, dass Werner Böhmer beim üblichen Verlesen des Sondervotums die Richterbank verließ[55]. Bekannt war auch die rigorose restriktive Auffassung des ansonsten oft liberalen Senatsvorsitzenden und Gerichtspräsidenten Ernst Benda.

---

52 Dazu *G. Jerouschek*, Lebensschutz und Lebensbeginn, Kulturgeschichte des Abtreibungsverbots, 1988, Neuausgabe 2002; *U. Ranke-Heinemann*, Eunuchen für das Himmelreich, 1988, 279–323.

53 Nach der besonders detaillierten ALLBUS-Studie von 2002 glaubten von allen Befragten nur ca. 25 % an einen persönlichen Gott.

54 Abgesehen von, wie aus der Geschichte bekannt, bevölkerungspolitischen Erwägungen.

55 Information in *T. Darnstädt*, Verschlusssache Karlsruhe, 2018, 332.

BVerfGE 41, 29, B. 17. 12. 1975 – 1 BvR 63/68: Christliche
Gemeinschaftsschule in Baden-Württemberg

BVerfGE 41, 65, B. 17. 12. 1975 – 1 BvR 428/69: Christliche
Gemeinschaftsschule in Bayern[56]

Derselbe Senat, der im Februar 1975 das ziemlich eindeutig religiös basier-
te harsche Urteil zum Schwangerschaftsabbruch erlassen hatte, entschied
im Dezember desselben Jahres in drei Entscheidungen über die Zulässigkeit der sogenannten Christlichen Gemeinschaftsschulen in Bayern, Baden-Württemberg (Ba-Wü) und Nordrhein-Westfalen. Das geschah „liberal", aber widersprüchlich. Die Judikate stellten jedenfalls inhaltlich einen
Fortschritt, in Bayern sogar einen wesentlichen Fortschritt, dar. Die Un-
stimmigkeiten deuten auf Meinungsunterschiede im Senat hin. Zitiert
werden zu Recht fast nur die Baden-Württemberg und Bayern betreffenden Beschlüsse.

Schon der Leitsatz 4 der *Entscheidung zu Ba-Wü* ist unklar bezüglich der
Bedeutung des Christlichen im Unterricht. Die – allein maßgeblichen –
Entscheidungsgründe sind nicht viel klarer. Dort heißt es:

„Die Schule darf daher keine missionarische Schule sein und keine Ver-
bindlichkeit christlicher Glaubensinhalte beanspruchen; sie muss auch für
andere weltanschauliche und religiöse Inhalte und Werte offen sein. Das
Erziehungsziel einer solchen Schule darf – außerhalb des Religionsunterrichts ... – nicht christlich-konfessionell fixiert sein. Die Bejahung des
Christentums in den profanen Fächern bezieht sich in erster Linie auf die
Anerkennung des prägenden Kultur- und Bildungsfaktors, wie er sich in
der abendländischen Geschichte herausgebildet hat, nicht auf die Glau-
benswahrheit, und ist damit auch gegenüber dem Nichtchristen durch das
Fortwirken geschichtlicher Gegebenheiten legitimiert. Zu diesem Faktor
gehört nicht zuletzt der Gedanke der Toleranz für Andersdenkende. Deren
Konfrontation mit einem Weltbild, in dem die prägende Kraft christlichen
Denkens bejaht wird, führt jedenfalls solange nicht zu einer diskriminie-
renden Abwertung der dem Christentum nicht verbundenen Minderheiten und ihrer Weltanschauung, als es hierbei nicht um den Absolutheits-

---

56 Zu diesen Entscheidungen mit Folgeproblemen *G. Czermak* in: Czermak/Hilgen-
    dorf 2018, 158ff. (ausführlich); *L. Renck*, Verfassungsprobleme der christlichen
    Gemeinschaftsschule, NVwZ 1991, 116ff. sowie *ders.*, Aktuelle Probleme der
    christlichen Gemeinschaftsschule – dargestellt am Beispiel des bayerischen Schul-
    rechts, KJ 1994, 488ff. (thematisch umfassend).

anspruch von Glaubenswahrheiten, sondern um das Bestreben nach Verwirklichung der autonomen Persönlichkeit im weltanschaulich-religiösen Bereich gemäß der Grundentscheidung des Art. 4 GG geht. Eine solche Schule, die Raum für eine sachliche Auseinandersetzung mit allen weltanschaulich-religiösen Auffassungen, wenn auch von einer *bestimmten weltanschaulichen Orientierungsbasis* [Hervorheb. Cz] her bietet, führt Eltern und Kinder nicht in einen verfassungsrechtlich unzumutbaren Glaubens- und Gewissenskonflikt".

Im Rahmen der Anwendung dieser Grundsätze auf Ba-Wü heißt es dann zum christlichen Charakter der Schule: Er „wird zwar von den Auffassungen der in ihr wirkenden Kräfte der konkreten Schulwirklichkeit bestimmt. Das kann unter Umständen bei einer entsprechenden Konstellation dazu führen, dass der *Unterricht im Geiste des überwiegend vertretenen Bekenntnisses* [Hervorheb. Cz] erteilt wird. Jedoch wird dem durch das Gebot der Rücksichtnahme auf die Empfindungen Andersdenkender und zur Versachlichung des Unterrichts im Vortrag der weltanschaulich-religiösen Auffassungen eine rechtliche Grenze gezogen …".

Von einer hinreichend klaren Begründung kann bei näherem Hinsehen keine Rede sein. Einerseits können sich *Nichtchristen* der Entscheidung zufolge zwar darauf berufen, die Schule dürfe nicht missionarisch im Sinn einer Glaubensunterweisung sein, der Unterricht müsse auch ihnen gegenüber legitimiert sein und der Minderheitenschutz sei zu beachten. Auch dürften bekenntnismäßig nicht gebundene Lehrer gemäß Art. 33 GG nicht benachteiligt werden. Zudem sei „das Bestreben nach Verwirklichung der autonomen Persönlichkeit im weltanschaulich-religiösen Bereich gemäß der Grundentscheidung des Art. 4 GG" wichtig.

Andererseits sprechen mehrere Passagen gegen eine weltanschaulich neutrale Schulgestaltung. Im Maßstäbeteil[57] der Begründung heißt es unter Berufung auf das fragwürdige Konkordatsurteil von 1957 (s. o.) auch, der Landesgesetzgeber sei gem. Art. 7 I GG grundsätzlich frei in der Wahl der religiös-weltanschaulichen Schulform der öffentlichen Volksschule, wenn auch Art. 4 I, II GG zu beachten sei. Die Eltern könnten diesbezügliche Maßnahmen, die die Erziehung beeinträchtigen, abwehren. Allerdings könne dieses Recht mit dem Recht religiös Denkender kollidieren, so dass ein Ausgleich zu finden sei. Eine Ausschaltung aller religiös-weltanschaulichen Bezüge könne nicht verlangt werden (was die Beschwerdeführer gar nicht gefordert hatten). Eine Glaubenserziehung sei zwar unzulässig, nicht aber eine *Bejahung des Christentums in den profanen Fächern* [Hervorheb.

---

57 Dazu näher unter 9 a.

Cz] in erster Linie hinsichtlich ihrer Anerkennung als prägender Kultur-
und Bildungsfaktor, wozu [angeblich] der Gedanke der Toleranz gehöre.[58]
Zur Bejahung des Christentums in zweiter Linie wird nichts gesagt. Bei
entsprechenden Konstellationen könne aber der Unterricht *im Geiste* des
überwiegend vertretenen Bekenntnisses erteilt werden. Ein Versuch der
Beschreibung eines neutralen Unterrichts, bei dem „weltanschaulich-religiöse Zwänge soweit wie irgend möglich" (so aber Leitsatz 4) ausgeschaltet
werden, ist das sicher nicht. Also doch im Einzelfall eine Konfessionsschu-
le mit Zwang für Minderheiten?

Vergleichbar ist die am selben Tag verkündete Entscheidung zur *christlichen Gemeinschaftsschule in Bayern.* Der dortige Art. 135 S. 2 der Landesverfassung hatte folgenden Wortlaut: „Die öffentlichen Volksschulen sind gemeinsame Schulen für alle volksschulpflichtigen Kinder. In ihnen werden
die Schüler nach den Grundsätzen der christlichen Bekenntnisse unterrichtet und erzogen. Das Nähere bestimmt das Volksschulgesetz." Art. 7
des Volksschulgesetzes wiederholte diesen Wortlaut und fügte an: „Für
Kinder, die keinem christlichen Bekenntnis angehören, gilt Art. 136 I der
Bayerischen Verfassung." Dort heißt es: „An allen Schulen sind beim Unterricht die religiösen Empfindungen aller zu achten." Die Leitsätze dieser
Entscheidung des BVerfG lauten:

„1. Art. 135 Satz 2 der Verfassung des Freistaates Bayern und Art. 7 I des
bayerischen Volksschulgesetzes binden bei verfassungskonformer Auslegung den Unterricht in Klassen mit Schülern verschiedener Konfession
und Weltanschauung nicht an die Glaubensinhalte einzelner christlicher
Bekenntnisse.

Unter den Grundsätzen im Sinne dieser Bestimmungen sind in Achtung
der religiös-weltanschaulichen Gefühle Andersdenkender die Werte und
Normen zu verstehen, die, vom Christentum maßgeblich geprägt, auch
weitgehend zum Gemeingut des abendländischen Kulturkreises geworden
sind (im Anschluss an den Beschluss vom 17. Dezember 1975 – BVerfGE
41, 29).

---

58 Zur Toleranz, mit der die Kirchen in der Geschichte größte Probleme hatten, *H.
Lutz* (Hrsg.), Zur Geschichte der Toleranz und Religionsfreiheit, 1977 (dort z. B.
E.- W. Böckenförde 401–421); *G. Czermak*, https://weltanschauungsrecht.de/toler
anz; *A. Pfahl-Traughber*, Haben die modernen Menschenrechte christliche Grund-
lagen und Ursprünge? Humanismus aktuell H. 5, 1999, 66–77 = http://www.kell
mann-stiftung.de/index.html?/beitrag/Pfahl-Traughber_Menschenrechte-Christen
tum.htm; *M. Seckler*, Religionsfreiheit und Toleranz, Theologische Quartalschrift
1995, 1–18.

2. Es ist mit dem Grundgesetz vereinbar, in Gemeinschaftsschulen Klassen aus Schülern desselben Bekenntnisses auf freiwilliger Grundlage zu bilden, falls dadurch andere Schüler nicht benachteiligt werden."

Die *Entscheidungsformel* des Beschlusses verfügt, die genannten Artikel der Landesverfassung und des Volksschulgesetzes seien „in der sich aus den Gründen ergebenden Auslegung mit dem Grundgesetz vereinbar."

Das überrascht schon deshalb, weil es ja klipp und klar, d. h. absolut unmissverständlich in den Normen hieß, die Schüler würden „nach den Grundsätzen der christlichen Bekenntnisse unterrichtet und erzogen". Das entsprach nach der Entstehungsgeschichte auch ganz klar dem Willen des Bayerischen Landtags. Da war nichts auszulegen. Mit dem Vorgehen setzte sich das Gericht in Widerspruch zu seiner ständigen, von Anfang an vertretenen Rechtsprechung zur verfassungskonformen Auslegung.[59] Es hätte die Vorschriften für nichtig erklären müssen.

Die Gründe wiederholen Passagen aus dem Ba-Wü betreffenden Beschluss und akzeptieren die christliche Orientierungsbasis des Unterrichts. Für eine andere elterliche Erziehung bleibe in jeder Hinsicht genügend Raum. Durch das Toleranzgebot werde „einer Isolierung andersdenkender Minderheiten vorgebeugt, wie sie etwa in einer rein bikonfessionellen Schule befürchtet werden könnte." Die religiösen bzw. weltanschaulichen Empfindungen aller seien zu achten. Die „Ehrfurcht vor Gott" als eines der obersten Erziehungsziele wurde nicht beanstandet.[60] Die gesamte abendländische Kultur sei weitgehend vom Christentum geprägt worden.[61]

Kritisch ist anzumerken: Die formale Aufrechterhaltung der bayerischen Regelungen statt einer Nichtigerklärung ist wegen der nach den eigenen Regeln des Gerichts nicht möglichen verfassungskonformen „Auslegung" ein grober Rechtsfehler. Keinem Jurastudenten würde man so etwas durchgehen lassen. Die Frage nach der weltanschaulichen Neutralität im

---

59 Etwa BVerfGE 90, 263 (275), st. Rspr.; *F. K. Bassier*, Zur Herleitung der verfassungskonformen Auslegung, Bonner Rechtsjournal 2016, 108–114 ff. (online).

60 Dazu und zur einschlägigen Entscheidung des BayVerfGH vom 2. 5. 1988, NJW 1988, 3141: *L. Renck*, Religionsfreiheit und das Bildungsziel der Ehrfurcht vor Gott, NJW 1989, 2442 ff.

61 Diese Aussage ist etwas manipulativ, denn die negativen Aspekte dieser Prägung sind bis weit ins 20. Jh. hinein sehr gewichtig. Die im christlichen Abendland entwickelten Menschenrechte mussten gegen den entschiedenen Widerstand der Kirchen durchgesetzt werden. Sehr informativ: *H. Hofmann*, Zur Herkunft der Menschenrechtserklärungen, JuS 1988, 841 ff.; *J. Isensee*, Keine Freiheit für den Irrtum. Die Kritik der katholischen Kirche des 19. Jh. an den Menschenrechten als staatsphilosophisches Paradigma, Zeitschrift für Rechtsgeschichte, Kan. Abt. LXXIII (1987), 296 ff. Knapp und mit weiterer Lit. *Czermak/Hilgendorf* 2018, 3 f.

Unterricht wird nicht einmal gestellt. Undefiniert bleiben die Begriffe Toleranz und Missionierung. Auf die Art und Weise, wie eine nichtmissionierende Unterrichtung auf christlicher Orientierungsbasis aussehen soll, die Nichtchristen zugemutet werden kann, wird nicht eingegangen. Verfehlt war es, vom notwendigen Ausgleich zwischen positiver und negativer Religionsfreiheit zu sprechen, denn es ging nicht um gegenläufige Rechte, sondern nur um religiös-weltanschauliche Interessen. Auch das Problem der Behandlung des Christentums in Bekenntnisklassen als bloßes Kulturgut wird nicht weiter erörtert. In der Parallelentscheidung zu Württemberg wird sogar bei entsprechenden Umständen eine Erziehung „im Geiste des überwiegend vertretenen Bekenntnisses" gutgeheißen. Damit würde sich der Staat entgegen seinen Grundprinzipien einer religiösen Materie bemächtigen (Einmischung), was das Gericht sonst fast gebetsmühlenartig stets abgelehnt hat.

Die Beschlüsse haben es den Landesregierungen nach ihrer voraussehbaren Wirkung sehr erleichtert, das (im historischen Nebel bleibende) Christentum in der Schule in mehr oder weniger großem Umfang zu privilegieren und die christliche Religion bei aller Toleranz als vorzugswürdig darzustellen. Bayern ist mit einer massiv christlichen Schulpolitik sogar darüber hinausgegangen.[62] Nur zwei Jahre später erklärte derselbe 1. Senat im Zusammenhang mit der Kirchensteuer: „Der ... Gedanke einer Fürsorge des Staates in Glaubensangelegenheiten ... ist dem Grundgesetz fremd."[63] Wie glaubwürdig ist das?

---

62 S. z.B. *G. Czermak*, Verfassungsbruch als Erziehungsmittel, KJ 1992, 46–63; *L. Renck*, Verfassungsprobleme der christlichen Gemeinschaftsschule, NVwZ 1991, 116 ff.; *ders.*, Schule und religiöse Erziehungshilfe, BayVBl 2003, 134 ff. S. auch *G. Czermak*, https://weltanschauungsrecht.de/christliche-schulpolitik.

63 BVerfGE 44, 37 (Überlegungsfrist bzw. lange Nachbesteuerung beim Kirchenaustritt unzulässig).

5. Die religionsrechtliche Rechtsprechung von 1976 bis 2000

BVerfGE 42, 312, B. 21. 9. 1976 – 2 BvR 350/75: Bremer Pastorenfall

Im Streit stand die Verfassungsmäßigkeit einer kirchengesetzlichen Regelung über die Unvereinbarkeit von Kirchenamt und Abgeordnetenmandat. Das BVerfG kam im Bremer Pastorenfall fraglos zu dem richtigen Ergebnis, der Staat müsse eine interne kirchengesetzliche Regelung akzeptieren, wonach die dienstrechtlichen Rechte von Pfarrern und Kirchenbeamten im Fall der Wahl in das Landes- oder Bundesparlament ruhen. Das Argument der Behinderung der Abgeordnetenfreiheit sei unerheblich. Um zu dem Ergebnis zu kommen, es sei ausschließlich Sache der Kirche, ihre dienstrechtlichen Regelungen eigenständig zu treffen, hätte es nicht umfangreicher kirchenfreundlicher grundsätzlicher Ausführungen bedurft. Das Gericht sprach davon, die Kirchen hätten *„ein qualitativ anderes Verhältnis zum Staat"* als andere gesellschaftliche Großgruppen, weil sie den Menschen als Ganzes und nicht nur partiell ansprächen. Das wird weder näher begründet, noch trägt es dem Umstand Rechnung, dass die Verfassung ohnehin für die religiös-weltanschaulichen Gemeinschaften Sonderregelungen geschaffen hat. Anlass für grundsätzliche und heikle Überlegungen zur Möglichkeit der Einschränkung kirchlichen Selbstverwaltungsrechts durch „allgemeine" Gesetze (Art. 137 III WRV) bestand in diesem im Ergebnis klaren Fall nicht. Denn der Staat ist generell inkompetent, sich ohne triftige Gründe in Selbstverwaltungsangelegenheiten einzumischen.

BVerfGE 44, 37, B. 8. 2. 1977 – 1 BvR 329/71: Kirchenaustrittserklärung und Nachbesteuerung

In Schleswig-Holstein galt noch eine preußische Regelung, wonach der „Kirchenaustritt" erst einen Monat nach erfolgter Erklärung wirksam wurde. Das sollte der jeweiligen Kirche eine Einflussnahme ermöglichen (Überlegungsfrist). Das BVerfG erklärte eine Kirchensteuerpflicht noch nach dem Austritt (Nachbesteuerung) aber für nur dann verfassungswidrig, wenn sie bis zum Jahresende bzw. mindestens drei Monate nach dem Austritt gilt. Das Gericht vertrat dazu folgende Meinung: Der Staat hat die

Pflicht, die Möglichkeit geordneter Verwaltung der Kirchensteuern sicherzustellen. Dazu ist es erforderlich, in die Glaubensfreiheit einzugreifen, wenn das im Hinblick auf die Besteuerung angemessen ist. Eine Nachbesteuerung bis zum Ende des Monats hielt das Gericht zur Vermeidung kleiner Erstattungsbeträge für ohne weiteres zulässig. Der Gesetzgeber sei verfassungsrechtlich nicht verpflichtet, die Kirchensteuerpflicht bereits mit dem Zeitpunkt der Austrittserklärung enden zu lassen.

Das überzeugt nicht, weil bei jeder Nachbesteuerung Kirchensteuer von einem Nicht-Mitglied erhoben wird. Der Satz: „Eine unverhältnismäßige Einschränkung der Glaubens- und Bekenntnisfreiheit kann darin nicht erblickt werden" ist keine tragfähige Begründung. Es war auch damals ohne weiteres möglich, die Zahlungspflicht mit dem Tag des Austritts zu beenden. Die Einschränkung ist daher nicht „notwendig". Zwar mag die Beeinträchtigung nicht groß sein, aber die Einschränkung eines nach Ansicht des BVerfG „schrankenlosen" Grundrechts wegen ihrer bloßen Zweckmäßigkeit für den anderen Beteiligten ist nicht zu rechtfertigen. Das Gericht setzt sich in Widerspruch zu seinen eigenen Vorgaben. Dazu gehört auch die an sich erfreuliche Aussage, der „Gedanke einer Fürsorge des Staates in Glaubensangelegenheiten ... ist dem Grundgesetz fremd." Das zeigt, dass *das Gericht ohne weiteres bereit ist, die Glaubensfreiheit selbst recht geringen kirchlichen Interessen unterzuordnen und seine eigenen Grundsätze zu missachten.*

BVerfGE 44, 103, B. 17. 2. 1977 – 1 BvR 33/76: Kirchenlohnsteuer-Einzug und Mitwirkungspflicht der Arbeitgeber (Nichtannahmebeschluss)

Das Einkommensteuerrecht verlangt in seiner Form als Lohnsteuer von jedem Arbeitgeber, für seine Arbeitnehmer die Kirchenlohnsteuer einzubehalten und abzuführen. Bei Nichterfüllung muss er dafür haften. Ein Vorprüfungsausschuss des 1. Senats ließ eine Verfassungsbeschwerde gegen die Mitwirkungspflicht des Arbeitgebers nicht zur Senatsentscheidung zu.

Die knappen Entscheidungsgründe sind bemerkenswert. Der staatliche Kirchensteuereinzug sei zulässig.[64] Die darin auch liegende Religionsförderung bedeute keine Identifikation mit einer bestimmten Religionsgemeinschaft und sei auch dem weltanschaulich neutralen Staat möglich. Die Indienstnahme Privater sei grundsätzlich zulässig. Die darin liegende Beeinträchtigung der Berufsfreiheit sei trotz Unentgeltlichkeit zulässig, „weil

---

64 So schon BVerfGE 20, 40: *konfessionsverschiedene Ehe.*

der Arbeitgeber dadurch nicht erheblich belastet wird und dabei im Rahmen seiner sozialstaatlich gebotenen Fürsorgepflicht zugleich seine Arbeitnehmer in der vereinfachten Erfüllung der ihnen obliegenden Kirchensteuerpflicht unterstützt. Die Haftung für den Fall der Nichterfüllung wird jedenfalls durch die in Art. 140 GG i. V. m. Art. 137 VI WRV gewährleistete Garantie einer ordnungsgemäßen Besteuerung … gerechtfertigt."

Diese Begründung ist ebenso dürftig wie kühn, aber *von größter Bedeutung* für einen hohen Ertrag der Kirchenlohnsteuer, da der Einzug automatisch erfolgt und seinerzeit (entgegen dem religiösen Verschweigungsrecht des Art. 136 III 1 WRV[65]) mit einem Eintrag in die Lohnsteuerkarte verbunden war. Nicht einmal erwähnt wird das 1965 vom Gericht noch so hochgehaltene Trennungsgebot[66], das nach allgemeiner Rechtsmeinung wesentlich das Gebot institutioneller Trennung bedeutet (Art. 137 I WRV). Mit diesem ist aber nach der richtigen Minderheitsmeinung in der Literatur die staatliche Kirchensteuerverwaltung (die auch nach den Landesgesetzen keineswegs gefordert, sondern nur zugelassen ist) mit ihren Verflechtungen unvereinbar. Jegliche Problematisierung fehlt. Wenn es heißt, der Arbeitgeber komme nur einer „gebotenen Fürsorgepflicht" nach, so wirkt das wie eine Veralberung. Bei den vom Gericht gar nicht beachteten privaten Einzelarbeitgebern ist, anders als bei Juristischen Personen, auch der nach st. Rspr. des BVerfG „schrankenlose" Art. 4 GG zu beachten. Der ggf. andersdenkende Arbeitgeber wird durch die Regelung gezwungen, eine religionsfördernde Handlung zugunsten einer von ihm abgelehnten Religionsgemeinschaft kostenlos durchzuführen. Das damit zu „begründen", der Arbeitgeber sei nur Beauftragter des Steuerfiskus, wirkt skurril.

Obwohl es sich erstaunlicherweise nicht um eine Senatsentscheidung handelte, hielt man es für sinnvoll, den Beschluss ausnahmsweise in die Amtliche Sammlung aufzunehmen.

BVerfGE 46, 73, B. 11. 10. 1977 – 2 BvR 209/76: Goch-Beschluss

Der Goch-Beschluss ist eine der wichtigen Entscheidungen zum *Arbeitsrecht im kirchlichen Bereich* (knapper, aber schief: kirchlichen Arbeitsrecht). Beschwerdeführerin war die private Stiftung Wilhelm-Anton-Hospital in

---

65 S. eingehend und kritisch *S. Korioth* in: Maunz/Dürig, GG, Art. 140/136 WRV, Rn. 92.
66 BVerfGE 19, 206 (216): *Badische Kirchenbausteuer.*

Goch als Mitglied des Caritasverbands. Es ging darum, ob das Hospital eine *Betriebsratswahl* zulassen müsse, was das BVerfG verneinte. Das BVerfG bekräftigte und vertiefte seine schon bei der Rumpelkammer-Entscheidung von 1968 vorgenommene Erweiterung des Religionsausübungsrechts auf „kirchliche Trabanten". Zur Ausweitung der Grundrechtsträgerschaft auch auf solche „kirchlichen Trabanten" berief sich das Gericht auf Art. 138 II WRV, der auch religiösen Stiftungen das Eigentum und andere Vermögensrechte garantiert. Das ist aber kein vergleichbarer Sachverhalt. Neu ist an der Entscheidung, dass das „Selbstbestimmungsrecht" des Art. 137 III GG (die Verfassung gewährt nur die Selbst*verwaltung* „ihrer" Angelegenheiten) die *Nichtanwendbarkeit des Betriebsverfassungsgesetzes (§ 118 II) auf karitative Einrichtungen der Religionsgemeinschaften* nicht nur zulasse, sondern *sogar fordere*. Damit wird auch die Kompetenz des Gesetzgebers eingeschränkt. Bezeichnenderweise wurde nicht begründet, warum der normale gesetzliche Schutz für Tendenzbetriebe bei Religionsgemeinschaften nicht reichen soll. Immerhin muss bei allen Tendenzbetrieben i. S. des § 118 I BetrVG auf die jeweilige Betriebseigenart Rücksicht genommen werden. Und es hätte auch nicht ignoriert werden dürfen, dass die Schrankenklausel der WRV doch *gerade* für die eigenen Angelegenheiten der Religionsgemeinschaften gilt.

BVerfGE 49, 375, B. 23. 10. 1978 – 1 BvR 439/75: Lohnsteuerkarte und Religionszugehörigkeit (Nichtannahmebeschluss)

Eine Kammer des 1. Senats hat die gesetzlich vorgesehene Eintragung der Religionszugehörigkeit auf der Lohnsteuerkarte mit einer denkbar knappen Begründung für GG-konform erklärt. Sie hat die mit einem Verstoß gegen Art. 4 I GG und Art. 136 III 1 WRV/140 GG begründete Verfassungsbeschwerde wegen mangelnder Erfolgsaussicht nicht zur Entscheidung angenommen. Das Verschweigungsrecht des Art. 136 III 1 WRV/140 GG werde durch die in Art. 137 VI WRV garantierte geordnete Besteuerung eingeschränkt. Wegen der Zulässigkeit des Lohnsteuerabzugsverfahrens sei der Religionsvermerk „erforderlich" und auch zumutbar. Die abstrakte Möglichkeit eines Missbrauchs der durch das Steuergeheimnis geschützten Eintragung mache das Verfahren „noch nicht" verfassungswidrig.

Das ist keine ernsthafte Begründung. Art. 137 VI WRV verleiht den religiösen Körperschaften lediglich die Berechtigung, selber, ggf. durch den Staat vollstreckbare, Steuern auf der Basis staatlicher Steuerdaten zu erheben. Dass ohne eine *staatliche* Kirchensteuerverwaltung eine „geordnete Besteuerung" nicht möglich sei, hat weder das BVerfG jemals behauptet, noch gehen die Kirchensteuergesetze davon aus. Daher kann eine selbst noch so *geringfügige Grundrechtsbeeinträchtigung* wegen einer Regelung, die in den Kirchensteuergesetzen lediglich alternativ vorgesehen und *aus der Sicht der Religionsgemeinschaften zweckmäßig ist, nicht gerechtfertigt* sein. Eine Weiterleitung der Erhebungsdaten an die Arbeitgeber (die gerade keine „Behörden" i. S. des Art. 136 III 2 WRV sind) mittels Lohnsteuereintrags entgegen dem Schweigerecht des Art. 136 III 1 WRV müsste daher den Voraussetzungen des Art. 136 III 2 WRV entsprechen, was aber eindeutig nicht der Fall ist.[67]

Im Übrigen konnte und kann der fehlende Religionsvermerk auf der (nunmehr elektronischen) Lohnsteuerkarte einen u. U. *erheblichen Nachteil* gegenüber kirchlich gesinnten Arbeitgebern bedeuten. Der dann fehlende positive Lohnsteuervermerk erweist sich leicht als Hindernis für einen beabsichtigten „Kirchenaustritt", insbesondere für Arbeitnehmer bei kirchlichen Wohlfahrtsverbänden wie Caritas oder Diakonie.[68] Diese müssen im Falle eines „Kirchenaustritts" einen Jobverlust befürchten.

Die gesetzliche Regelung stellt nach allem einen möglicherweise sogar *erheblichen Verstoß* gegen Art. 4 GG dar, begründet lediglich durch Zweckmäßigkeit. Eine solche Quasi-Begründung ist eines Verfassungsgerichts unwürdig. Dennoch wurde der Kammer-Beschluss ausnahmsweise in die Amtliche Sammlung aufgenommen, wohl um künftige Einwendungen gegen die Kirchenlohnsteuer abzublocken.

BVerfGE 52, 223, B. 16. 10. 1979 – 1 BvR 647/70, 7/74: Schulgebet

Der 1. Senat entschied erst nach allzu langer Zeit über die Frage der Zulässigkeit des Schulgebets. Er hielt das Schulgebet an öffentlichen Schulen für grundsätzlich zulässig, aber nicht geboten. Die Entscheidung wiederholte die (unklaren) Grundsätze betreffend die sogenannten christlichen Gemeinschaftsschulen aus dem Jahr 1975. Schule sei nicht missionarisch und

---

67 Eingehend und sehr kritisch zur Rspr. S. *Korioth* in: Maunz/Dürig, GG, Art. 140/136 WRV, Rn. 92.

68 In den Landesgesetzen wird eine Erklärung gegenüber dem Staat, die nur innerstaatliche Fragen betrifft, fälschlich als „Kirchenaustritt" bezeichnet. Für die Entgegennahme von Erklärungen, die die Kirchen innerkirchlich betreffen, ist der Staat gar nicht zuständig.

„auch gegenüber dem Nichtchristen durch das Fortwirken geschichtlicher Gegebenheiten legitimiert". Das Schulgebet sei konkret eine auf christlich-ökumenischer Glaubensgrundlage beruhende Anrufung Gottes und somit eine religiöse Übung, die auf *völliger Freiwilligkeit für Schüler und Lehrer* beruhen müsse und somit „nicht Teil des allgemeinen Schulunterrichts" sei. Das Schulgebet ist, so heißt es weiter, „eine im Regelfall gemeinsam mit dem Lehrer ausgeübte religiöse Betätigung. Damit fällt das Schulgebet auch nicht unter die Vermittlung christlicher Kulturwerte und Bildungswerte, wie sie das Bundesverfassungsgericht im Rahmen des allgemeinen Unterrichts an christlichen Gemeinschaftsschulen für zulässig erachtet hat (BVerfGE 41, 29 [52])."

Die kritischen Punkte ergeben sich besonders bei Berücksichtigung von hier bislang nicht wiedergegebenen Details. Sie gehen leider im Wortschwall unter. Wenn, wie das BVerfG erklärt, das *Schulgebet nicht Teil des allgemeinen Unterrichts* ist und sogar *außerhalb des staatlichen Bildungs- und Erziehungsauftrags* liegt, kann es auch auf Freiwilligkeitsbasis nicht *während* des Unterrichts stattfinden. Andererseits lässt das Gericht zu, dass der *Lehrer* das Gebet anregt, wobei dieses innerhalb des äußeren Rahmens des Unterrichts auch „eine dem Staat zuzurechnende schulische Veranstaltung" sei. Wie kann aber eine außerhalb des staatlichen Bildungs- und Erziehungsauftrags liegende staatliche Aktivität möglich sein, zumal sie – wenn auch nicht unbedingt „gezielt" – *das Christentum fördert*, wie auch das Gericht zugibt. Im Entscheidungsjahr 1979 bezweifelte eigentlich niemand mehr, dass der Staat *keinerlei religiöse Kompetenz* hat (abgesehen von der ausnahmsweisen Zulässigkeit religiöser öffentlicher Schulen gem. Art. 7 V GG und des Art. 7 III GG). Selbst wenn man ein von *Schülern selber* organisiertes Gebet während des Unterrichts aus Gründen der Tradition und Glaubensfreiheit für zulässig hält, steht es doch *einem Lehrer* als Verkörperung der religiös-weltanschaulich neutralen Staatsmacht nicht an, solche Gebete anzuregen. Dennoch geschieht das regelmäßig. Das Gericht räumt selber ein, dass die damit verbundene Förderung des Christentums „über die religiösen Bezüge hinausgeht, die sich aus der Anerkennung des prägenden Kultur- und Bildungsfaktors des Christentums (BVerfGE 41, 29 [52]) ergeben". Auch kann bei jungen Schülern, wenn ein Gebet vom Lehrer angeleitet wird, wegen seiner Amtsautorität *von wirklicher Freiwilligkeit keine Rede* sein.

Besonders fällt auf, dass das *Neutralitätsgebot* weder als Prüfungsmaßstab noch sonst wenigstens verbal genannt ist. Auch die Frage des weltanschaulichen Verschweigungsrechts (Art. 136 III 1 WRV) wird nur teilweise problematisiert. Immerhin erklärte das Gericht, die *Schulen könnten das Gebet generell untersagen.* Wenn aber diese Möglichkeit wahrgenommen wird, ist ein indirektes Outen durch Nicht-Mitsprechen des Gebets unnötig.

Der Sache nach dürfte die Schulgebets-Problematik durch die Pluralisierung der Schule weitgehend überholt sein. Statt – aus pluralistischer Sicht – fragwürdiger Gebete würden z. B. tägliche philosophische Sinnsprüche und ihre Diskussion der so dringlichen allgemeinen staatsbürgerlichen Integration und Erziehung besser dienen. Das hätte auch den Vorteil, durch den staatlichen Erziehungsauftrag gedeckt zu sein.

Die – in der Rechtsliteratur weitgehend begrüßte – Entscheidung weist mit ihrer Unlogik erhebliche rechtsdogmatische Mängel auf[69] und wirkt, über die jeder Kompromissentscheidung innewohnende Problematik hinaus, unaufrichtig.

BVerfGE 53, 366, B. 25. 3. 1980 – 2 BvR 208/76: St.-Marien-Krankenhaus

Der 2. Senat erklärte in einem bemerkenswerten Beschluss zum konfessionellen St.-Marien-Krankenhaus in Nordrhein-Westfalen, verschiedene Regelungen des NRW-Krankenhausgesetzes (KHG) seien unanwendbar, sofern sie konfessionelle Krankenhäuser beträfen. Dem KHG von 1975 ging es allgemein um die wirtschaftliche Sicherung der Krankenhäuser und um die Pflegesätze. Der Landesgesetzgeber, der auch die beschwerdeführenden evangelischen und katholischen Krankenhausträger voll finanzierte, schrieb generell aus fachlichen und wirtschaftlichen Gründen für Krankenhäuser bestimmte religionsneutrale Organisationsstrukturen vor. Sie betrafen auch die Betriebsleitung, die Organisation des ärztlichen Dienstes und die Beteiligung der ärztlichen Mitarbeiter.

Der Senat vertrat u. a. die folgende Auffassung. Bei der Anwendung des Art. 137 III 1 WRV (extensives „Selbstbestimmungsrecht") gebe es auch bei einem prinzipiell für alle geltenden Gesetz eine Wechselwirkung zwischen den kirchlichen und staatlichen Belangen (heute unbestritten). Bei der vorzunehmenden *Güterabwägung* sei dem *Eigenverständnis* der Kirchen im Hinblick auf Art. 4 GG ein „*besonderes Gewicht*" beizumessen. Im Streitfall *greife das Gesetz unzulässig in die den Kirchen zustehende Organisations- und Personalhoheit ein, ohne dass das „aus zwingenden Gründen geboten wäre".*

---

69 Zu Teilaspekten auch *E.-W. Böckenförde*, Zum Ende des Schulgebetsstreits, DÖV 1980, 323 ff.; insb. zur Kompetenzproblematik *F. v. Zezschwitz*, Staatliche Neutralitätspflicht und Schulgebet, JZ 1966, 337 ff. und *L. Renck*, Anmerkung zu BVerfGE 52, 223 – Schulgebet, BayVBl 1980, 338 f.

Zunächst sei darauf hingewiesen, dass der Gesetzesvorbehalt des Art. 137 III 1 WRV *gerade* für die Angelegenheiten der eigenen Verwaltung der Religionsgemeinschaften gilt.[70] Die selbstverständliche Berücksichtigung des Art. 4 GG kann nicht bedeuten, dass bei der Abwägung den berechtigten Belangen der Religionsgemeinschaften bzw. des Trägers *zusätzlich* ein „besonderes Gewicht" beizumessen wäre. Dazu gibt es auch *keine rechtlichen Kriterien* und kann es nicht geben.[71] *Richter Rottmann* kritisierte in seinem ungewöhnlich deutlichen Sondervotum, der Senat beschränke sich bei der Güterabwägung nicht auf eine Vertretbarkeitskontrolle, sondern setze seine *eigene Beurteilung der gesundheitspolitischen Erfordernisse* an die des Gesetzgebers. In Wahrheit gehe es nicht um das Recht der kirchlichen Selbstorganisation, sondern um die Erhaltung rechtsfreier Räume bei undurchsichtigen Entscheidungs- und Organisationsprozessen einzelner religiöser Vereine um ihrer selbst willen. Er führt u. a. aus: „Zugleich werden die gemeinsamen Angelegenheiten von Staat und Religionsgesellschaften prinzipiell zu eigenen Angelegenheiten der Religionsgesellschaften erklärt, in die der Staat nur ausnahmsweise regelnd eingreifen darf, soweit dies im Einzelfall nachweisbar zur Abwendung dringender Gefahren für das allgemeine Wohl ‚unumgänglich' ist. Diese extreme Ausprägung des in der kirchlichen Sozialphilosophie entwickelten Subsidiaritätsprinzips unter gleichzeitiger Beseitigung des gesetzgeberischen Beurteilungsermessens ist dem Bundesverfassungsrecht nicht zu entnehmen." Ergänzend sei noch darauf hingewiesen, dass die Senatsmehrheit auch auf die historischen Hintergründe des kirchlichen Krankenhauswesens eingegangen ist, obwohl das Gericht schon mehrfach erklärt hatte, aus Tradition allein ergäben sich keine Rechtsgründe.

Der Fall zeigt erneut, wie weit das BVerfG ohne Not zu gehen bereit ist, wenn es gilt, selbst *minderrangigen kirchlichen Interessen* den Vorrang vor demokratisch legitimierten wichtigen öffentlichen Interessen zu geben.

BVerfGE 57, 220, B. 17. 2. 1981 – 2 BvR 384/78: ÖTV-Beschluss (Volmarstein)

In seinem ÖTV-Beschluss (Volmarstein-Entscheidung) entschied das Gericht, dass externe Gewerkschaftsmitglieder kein *Zutrittsrecht* zu kirchlich-

---

70 Darauf hat *B. Schlink*, Die Angelegenheiten der Religionsgemeinschaften, JZ 2013, 209 ff. eindringlich hingewiesen.

71 Wie hier auch *G. Neureither*, Die Angelegenheiten der Religionsgemeinschaften [Erwiderung auf B. Schlink], JZ 2013, 1089 (1093).

karitativen Einrichtungen haben. Es ging um eine große Pflegeanstalt der Inneren Mission für Körperbehinderte, in der sich eine Gewerkschaftsgruppe gebildet hatte. Externe Gewerkschaftsbeauftragte wollten informieren, werben und Mitglieder betreuen. Das BVerfG erklärte, aus Art. 9 III GG (Garantie von Gewerkschaften) lasse sich kein derartiges Zutrittsrecht herleiten. Da eine gesetzliche Regelung nicht vorliege, stehe das kirchliche Selbstbestimmungsrecht entgegen. Ob eine derartige Regelung zulässig sei, stehe nicht zur Debatte.

Bundes- und Landesarbeitsgericht hatten zu Art. 9 III GG eine andere Ansicht vertreten. Das Fehlen jeglichen Hinweises des BVerfG zu einer etwaigen künftigen gesetzlichen Regelung erstaunt, weil entsprechende Bestrebungen zu erwarten waren und das Gericht sonst sehr auf die Fortentwicklung des objektiven Rechts bedacht war, bis zu Grenzüberschreitungen in Form von genauen Vorschriften an die Adresse des Gesetzgebers. Plausibel ist das Fehlen *jeglichen* Hinweises nur bei Annahme des Hintergedankens, eine gewerkschaftsfreundlichere Regelung möglichst zu behindern.

Die Entscheidung ist allerdings durch den Senatsbeschluss aus dem Jahr 1995 zur gewerkschaftlichen Mitgliederwerbung überholt.[72] Nunmehr vertrat das Gericht die Auffassung, Art. 9 III GG schütze „die Koalitionen in ihrem Bestand und ihrer organisatorischen Ausgestaltung sowie solche Betätigungen, die darauf gerichtet sind, die Arbeits- und Wirtschaftsbedingungen zu wahren und zu fördern ...". Man habe seinerzeit das Gericht nicht richtig verstanden.

Die Entscheidung von 1981 war jedenfalls ein weiterer Mosaikstein bei der Umwandlung des Selbst*verwaltungs*rechts (Art. 137 III 1 WRV) in ein Selbst*bestimmungs*recht.[73]

---

72 BVerfGE 93, 352, B. 14.11.1995 – 1 BvR 601/92: *Gewerkschaftliche Mitgliederwerbung.*

73 Dazu *G. Czermak,* Grundfragen des sogenannten Selbstbestimmungsrechts der Religionsgemeinschaften in: Neumann/Czermak/Merkel/Putzke (Hg.), Aktuelle Entwicklungen im Weltanschauungsrecht, 2019, 89–102; *I. Matthäus-Maier,* Über die lange Geschichte der Grundrechtsverletzungen durch das kirchliche Arbeitsrecht, ebenda, 313 (322 ff.).

**BVerfGE 70, 138, B. 4. 6. 1985 – 2 BvR 1703, 1718/83, 856/84: Buchhalter-
und Assistenzarztfall (kirchliche Loyalitätspflichten)[74]**

Diese besonders verhängnisvolle Entscheidung betraf das staatliche Arbeitsrecht im kirchlichen Bereich in seinem Kern. Dabei bestätigte das
BVerfG das von den Kirchen seit 1977 geschaffene System des sog. *Dritten
Wegs*, mit dem kircheninterne Arbeitsrechtsregeln zur Ergänzung des staatlichen Rechts auf der Basis der sogenannten *christlichen Dienstgemeinschaft*
geschaffen worden waren. In Art. 137 III 1 WRV/140 GG war diese Konstruktion nicht erkennbar angelegt. Die Formulierung „innerhalb der
Schranken des für alle geltenden Gesetzes" spricht klar dagegen. Die bisher
geltenden arbeitsrechtlichen Regeln des Individualrechts wurden in der
Entscheidung zum Nachteil der Beschäftigten ausgehöhlt, insbesondere
der Kündigungsschutz.

In dem einen Fall hatte sich ein *Assistenzarzt* eines katholischen Krankenhauses in einem auch von 57 anderen Personen unterzeichneten Leser-
brief gegen einen von einem Funktionär der bayerischen Ärztekammer an-
gestellten Vergleich des legalen Schwangerschaftsabbruchs mit Auschwitz
gewandt und die Möglichkeit des legalen Schwangerschaftsabbruchs be-
fürwortet. Die Kündigungsschutzklage blieb in allen Instanzen und auch
beim BVerfG erfolglos. Diese Rechtsprechung war auch damals in der Sache nicht leicht nachzuvollziehen, denn es handelte sich um eine grundrechtlich geschützte Meinungsäußerung in der indirekten Form einer Mit-
unterzeichnung anlässlich einer nicht akzeptablen Äußerung eines Ärzte-
funktionärs.

Noch gravierender ist der *Buchhalterfall*. Ein Buchhalter war 29 Jahre in
einem katholischen Jugendwohnheim tätig gewesen. Nach diversen arbeitsgerichtlichen Auseinandersetzungen, die er als Beschwerdeführer gewonnen hatte, trat der rein intern tätige Buchhalter gegenüber dem Staat
„heimlich" aus der Kirche aus, und zwar aus „berechtigter Verärgerung",
wie das Bundesarbeitsgericht (BAG) festgestellt hatte. Deswegen wurde er,
obwohl schon 53 Jahre alt, bei schwieriger Arbeitsmarktlage gekündigt.
Die Kündigungsschutzklage hatte beim Landes- und Bundesarbeitsgericht
Erfolg gehabt, was das BVerfG aber für verfassungswidrig erklärte.

Schlimm ist nicht nur die Unbarmherzigkeit dieser Entscheidung, die ja
keinen bei der Kirche selbst und keinen in leitender Position Tätigen betraf. Abermals wurde das kirchliche „Selbstbestimmungsrecht" (Art. 137

---

74 Eingehend zum Kündigungsschutz in kirchlichen Einrichtungen mit Lit.: https://
weltanschauungsrecht.de/kuendigungsschutz.

III WRV) ausgedehnt. Schon früher hatte das Gericht ja die Religionsausübungsfreiheit auch auf nur religiös motivierte Handlungen erstreckt und
die Grundrechtsträgerschaft hinsichtlich Art. 4 GG ohne ersichtlichen
Grund auf von der Kirche rechtlich getrennte Einrichtungen ausgewei-
tet.[75]

Zu den arbeitsrechtlichen Obliegenheiten erklärte das Gericht: „Welche
kirchlichen Grundverpflichtungen als Gegenstand des Arbeitsverhältnisses
bedeutsam sein können, richtet sich nach den *von der verfassten Kirche anerkannten Maßstäben.* Dagegen kommt es weder auf die Auffassung der einzelnen betroffenen kirchlichen Einrichtungen, bei denen die Meinungsbil-
dung von verschiedenen Motiven beeinflusst sein kann, noch auf diejenige
breiter Kreise unter Kirchengliedern oder etwa gar einzelner bestimmten
Tendenzen verbundener Mitarbeiter an" (Leitsatz 2). Demnach bleibt es
grundsätzlich den verfassten Kirchen überlassen, verbindlich zu bestimmen, was „die Glaubwürdigkeit der Kirche und ihrer Verkündigung erfordert", was „spezifisch kirchliche Aufgaben" sind, was „Nähe" zu ihnen bedeutet, welches die „wesentlichen Grundsätze der Glaubenslehre und Sittenlehre" sind und was als – gegebenenfalls schwerer – Verstoß gegen diese
anzusehen ist. Auch die Entscheidung darüber, ob und wie innerhalb der
im kirchlichen Dienst tätigen Mitarbeiter eine „Abstufung" der Loyalitätspflichten eingreifen soll, sei grundsätzlich eine dem kirchlichen Selbstbestimmungsrecht unterliegende Angelegenheit. In den ausfernden Gründen wird weiter ausgeführt, das „kirchliche Proprium" dürfe vom Arbeitnehmer nicht durch eine unkirchliche Lebensführung beeinträchtigt werden. Der Arbeitsvertrag dürfe das besondere Leitbild einer *christlichen
Dienstgemeinschaft* festlegen, wobei die Kirche den Arbeitnehmern „die Beachtung jedenfalls der tragenden Grundsätze der kirchlichen Glaubens-
und Sittenlehre" auferlegen und verlangen könne, dass nicht gegen die
„fundamentalen Verpflichtungen" der Kirchenzugehörigkeit verstoßen
werde. Das sei eine Frage der Glaubwürdigkeit.

Da es sich aber um zivilrechtliche Arbeitsverträge handelt, gilt auch
nach BVerfG Folgendes: „Liegt eine Verletzung von Loyalitätspflichten
vor, so ist die weitere Frage, ob sie eine Kündigung des kirchlichen Arbeitsverhältnisses sachlich rechtfertigt, nach den kündigungsschutzrechtli-
chen Vorschriften des § 1 KSchG, § 626 BGB zu beantworten. Diese unterliegen als für alle geltendes Gesetz im Sinne der Art. 137 III Satz 1 WRV
umfassender arbeitsgerichtlicher Anwendungskompetenz." § 1 KSchG fordert die soziale Rechtfertigung einer Kündigung. § 626 BGB lässt eine frist-

---

75 BVerfGE 24, 236: *Lumpensammler*, s. den Kommentar in Abschnitt 4.

lose Kündigung nur zu, wenn ein wichtiger Grund vorliegt und die Fortsetzung des Dienstverhältnisses bis zum Ablauf der Kündigungsfrist dem Arbeitgeber nicht zumutbar ist. Dabei ist nach BVerfG zwischen dem kirchlichen Selbstbestimmungsrecht und den daraus folgenden Obliegenheitspflichten des Arbeitnehmers und den gesetzlichen Schranken eine Güterabwägung vorzunehmen. Das entspricht durchaus der anerkannten Rechtsdogmatik. Ein Problem ist aber die Forderung des BVerfG, dem Selbstverständnis der Kirchen „ein besonderes Gewicht beizumessen", wie das Gericht schon in seiner St.-Marien-Entscheidung von 1980 ohne Erläuterung erklärt hatte.

Nach diesen Kriterien hätte zumindest im Buchhalterfall anders entschieden werden müssen. Bemerkenswert sind dabei folgende Punkte: Die Entscheidung eröffnet einen umfassenden kirchlichen Zugriff auf *außerdienstliches Verhalten*. Generell weist die Behauptung, nur die zuständigen *amtskirchlichen* Organe hätten auch über *Glaubwürdigkeitsfragen* zu entscheiden, schwerwiegende Mängel auf. Zum einen muss das Gericht zumindest eine Plausibilitätsprüfung durchführen, die das Gericht in den Streitfällen unterlassen hat. Es ist nicht nachvollziehbar, dass es auf die Maßstäbe der jeweiligen Einrichtung oder deren widersprüchliches Verhalten *nicht* ankommen solle, obwohl ja *diese* die Verfassungsbeschwerde erhoben hat und nicht die organisierte Kirche selber. Die Frage, was unter der „verfassten Kirche" (so das Gericht) zu verstehen ist, wird auch vom kirchlichen Gesetzbuch nicht definiert. Aber selbst, wenn man nur vom Bischof als Leitungsorgan ausgine, müsste man sehen, dass Bischöfe in Einzelfragen gegensätzliche Ansichten vertreten können. Soll die Frage der weltlichen Kündigung von der Person des jeweiligen Bischofs abhängig sein und nicht vom staatlichen Arbeitsgericht? Und warum soll die Frage der Glaubwürdigkeit nicht auch von der Beurteilung durch Gläubige abhängig sein können? In den Fällen unzulässiger Wiederheirat nach Scheidung könnte man fragen, wie unauflöslich denn die katholische Ehe ist, wenn man an die Scheidung auf Grund des *Privilegium Paulinum* denkt (Can. 1143)[76] oder an die Zufälligkeiten der manchmal schwierigen und von psychiatrischen Gutachten abhängigen Ehenichtigkeitsprozesse (ab-

---

76 Can. 1143 erklärt im Anschluss an den Apostel Paulus die Zulässigkeit der Scheidung und Wiederheirat eines erst nach Eheschließung getauften Partners, wenn der ungetauft gebliebene Partner sich getrennt hat.

schreckendes Beispiel: Fall der Caroline von Monaco[77]). Und schließlich: Für die Beurteilung der *besonderen* Wichtigkeit der kirchlichen Belange haben die Arbeitsgerichte keine zulässigen Kriterien. Letztlich ist die These von den amtskirchlich zu beurteilenden Obliegenheitsverletzungen in einer ersten Prüfungsstufe und einer Abwägung des Ergebnisses im Rahmen einer umfassenden arbeitsrechtlichen Anwendungskompetenz in der zweiten Prüfungsstufe ungereimt und dogmatisch fehlerhaft. Mit den zwei Prüfungsstufen hätten die Arbeitsgerichte zwar leben können. Aber die Anwendung der Konstruktion gerade auf die beiden konkreten Fälle durch das BVerfG schreckten sie zu Lasten einer freiheitlicheren Handhabung ab. Erst nach und nach erhielten die Grundrechte in der Schlussabwägung der Arbeitsgerichte ein größeres Gewicht.

Näher eingegangen wurde auf diese Entscheidung wegen ihrer rechtlichen und praktischen Bedeutung und ihrer besonderen juristischen Unzulänglichkeit, die im Vergleich zu den vorangegangenen professionellen Urteilen des Bundesarbeitsgerichts[78] besonders auffällt. Umso erstaunlicher ist die wesentliche Bestätigung dieser Rechtsprechung noch durch ein Urteil des BVerfG von 2014[79] (s. Kapitel 6).

BVerfGE 75, 40, U. 8. 4. 1987 – 1 BvL 8/84, 16/84: Diskriminierende Privatschulfinanzierung

Ganz unspektakulär besagen die Leitsätze, dass der Staat zum Schutz des privaten Ersatzschulwesens erst dann gesetzgeberisch tätig werden muss, wenn es in seinem Bestand bedroht ist. Bei der finanziellen Förderung sei der Gleichheitssatz zu beachten. Diese Selbstverständlichkeit wird aber

---

77 Die Prinzessin wurde 1980 zivilrechtlich geschieden und schloss 1983 eine zweite Zivilehe. Nachdem ein Psychiatrieprofessor zu dem Ergebnis gekommen war, bei beiden Partnern der ersten Ehe habe 1978 der Nichtigkeitsgrund der psychischen Eheführungsunfähigkeit vorgelegen (Can. 1095 Nr. 3 CIC 1983), wurde die erste Ehe mit dem Playboy Philippe Junot 1992 vom Päpstlichen Gerichtshof (Rota Romana) für nichtig erklärt. Die Prinzessin konnte wieder zur Kommunion gehen. Ein Problem der künftigen Existenz des Fürstentums Monaco war vorläufig gelöst. Interessante Einzelheiten dazu und zu den massenhaften Eheannullierungen durch Diözesangerichte: https://www.spiegel.de/spiegel/print/d-13679364.html. Zum Fall Caroline von Monaco auch aus juristischer Sicht hochinteressant *T. Hoeren*, Der Fall von Caroline von Monaco, MDR 1993, 307 ff.
78 BAG, Urteile vom 21. 10. 1982 – 2 AZR 591/80 und 2 AZR 628/80 – und insbesondere vom 23. 3. 1984 – 7 AZR 249/81 im Buchhalterfall.
79 BVerfGE 137, 273: *Chefarztfall.*

konterkariert durch die Entscheidungsgründe. Eine Hamburger Privatschule hatte eine Förderung von nur 25 % des Schülerkopfsatzes erhalten, gegenüber von 77 % bei Bekenntnis- und Weltanschauungsschulen. Das BVerfG vertrat die Meinung, darin liege kein Verstoß gegen den besonderen Gleichheitssatz des Art. 3 III GG, weil die Differenzierung nicht „wegen" Religion bzw. Weltanschauung erfolge, sondern aus anderen Gründen. Die Gesetzesmotive seien:

„Vertrauens- oder Bestandsschutz für die bisherige hohe Förderung der Bekenntnisschulen als Wiedergutmachung für die 1939 verfügte Schließung der konfessionellen Schulen; Berücksichtigung der besonderen Funktion von Bekenntnisschulen im Hinblick auf Art. 7 V GG und die Wahlrechte von Eltern und Schülern; Berücksichtigung der besonderen historischen Rolle und Begrenzung der Haushaltsausgaben (fiskalische Gründe)." Dem Gesetzgeber gehe es daher „insgesamt nicht" um eine Bevorzugung wegen der inhaltlichen Ausrichtung. An diese erstaunliche Begründung schließt eine Wende an: Es liege nämlich ein Verstoß gegen Art. 7 IV i. V. m. Art. 3 I GG vor, denn alle Ersatzschulen müssten nach Maßgabe des Gleichheitssatzes behandelt werden, freilich bei weiter Gestaltungsfreiheit. Die im Streitfall geltend gemachten Differenzierungsgründe könnten die „krasse Sonderbehandlung" der Klägerin zwar nicht rechtfertigen. Eine maßvolle *besondere* Förderung von Bekenntnis- und Weltanschauungsschulen hält das Gericht aber deswegen für zulässig, weil sie das religiös-weltanschaulich neutrale öffentliche Schulwesen „in besonderer Weise ergänzen".

Die Entscheidung bedeutet, dass der Staat bei der Schulfinanzierung *religiöse* Schulen[80] bevorzugen darf, mit welcher vorgeschobenen Begründung für eine differenzierende Behandlung auch immer. Lediglich besonders grobe Verstöße gegen die Gleichbehandlung verletzen den Art. 3 I GG. Die Gleichheitsgrundrechte werden ausgehöhlt, die Absicht der Privilegierung kirchlicher Schulen ist greifbar.

In seiner Entscheidung zum Nachtarbeitsverbot für Frauen vom 28. 1. 1992 hat das Gericht im Hinblick auf Art. 3 III GG ausdrücklich von der soeben erörterten Entscheidung („Klarstellung") Abstand genommen. Geschlecht wie u. a. auch die religiöse und politische Anschauung dürften selbst dann grundsätzlich „nicht als Anknüpfungspunkt für eine rechtliche Ungleichbehandlung herangezogen werden ..., wenn eine Regelung nicht

---

80 Natürlich theoretisch auch weltanschauliche Schulen, bei denen die Gefahr unplausibler Bevorzugung in der Praxis aber kaum besteht.

auf eine nach Art. 3 III GG verbotene Ungleichbehandlung angelegt ist, sondern in erster Linie andere Ziele verfolgt."[81]

BVerfG NVwZ 1990, 54, B. 9. 2. 1989 – 1 BvR 1170/88: Schulbuchzulassung und ideologische Neutralität (Nichtannahmebeschluss)[82]

Die Beschwerdeführerin hatte erfolglos versucht, die Verwendung eines Lesebuchs für das 8. Schuljahr zu verhindern. Die Verfassungsbeschwerde wurde wegen fehlender Erfolgsaussicht nicht angenommen. Der Beschluss besagt: Wenn ein Schulbuch eine „gezielte Beeinflussung oder gar Agitation im Dienst einer bestimmten politischen, ideologischen oder weltanschaulichen Richtung enthält", so verstößt das gegen das für die schulische Erziehung geltende Neutralitätsgebot. An einer Stelle sprechen die Gründe auch von einem Indoktrinierungsverbot. Das BVerwG hatte dazu noch, etwas aussagekräftiger, davon gesprochen, Schulbücher dürften „nicht in den Dienst bestimmter weltanschaulicher, ideologischer oder politischer Richtungen" treten.

Wegen der Bedeutung der Thematik hätte die Kammer die Entscheidung genauer konkretisieren müssen. Sie hat aber nicht erörtert, wann sie eine gezielte ideologische Beeinflussung für gegeben hält. Das ließe sich nur anhand von konkreten Beispielen erkennen. Dieses (bewusste?) Versäumnis hat sich gerade in religiös-weltanschaulicher Hinsicht voraussehbar meist zu Gunsten vor allem *indirekter religiöser Beeinflussung*[83] ausgewirkt[84]. Eine genaue tragfähige Untersuchung dessen, was religiös-weltanschauliche Neutralität eines Lehrers konkret bedeutet, scheint immer noch

---

81 BVerfGE 85, 191 (206): *Nachtarbeitsverbot.*

82 Zu BVerwGE 79, 298, U 3. 5. 1988 – 7 C 89.86: *Schulbuchzulassung.*

83 Zur Freiheit von staatlicher Beeinflussung als Merkmal der „Glaubensfreiheit" näher *G. Czermak* in: Czermak/Hilgendorf 2018, 65 ff. sowie in https://weltanscha uungsrecht.de/glaubensfreiheit. Aus der sonstigen Literatur z. B. *C. D. Classen*, Religionsrecht, 2. A. 2014, Rn. 146; *J. Listl* in: Handbuch des Staatskirchenrechts Bd. 1, 2. A. 1994, 439 (455: der Einfluss auf die Glaubensbildung sei dem Staat „schlechthin verwehrt"); *S. Muckel* in: Religiöse Freiheit und staatliche Letztentscheidung, 1997, 139 und in: Friauf/Höfling, Berliner Kommentar zum Grundgesetz, zu Art. 4 GG sowie viele andere.

84 Das zeigt sich deutlich im Volksschulbereich (die Bezeichnungen variieren in den Bundesländern), wo sanfte religiöse Beeinflussung oft nicht als unzulässige Missionierung angesehen wird.

zu fehlen. Zu großen Bedenken hierzu gibt das zweite Kopftuchurteil von 2015[85] Anlass (siehe Kap. 6).

BVerfG-K, NJW 1989, 3269, B. 15. 8. 1989 – 1 BvR 881/89: Transzendentale Meditation (Nichtannahmebeschluss)

Der Fall betrifft *öffentliche Warnungen* der Bundesregierung vor der religiösen Bewegung „Transzendentale Meditation". Die Verwendung eines Sammelbegriffs wie „Jugendreligionen" bzw. „Jugendsekten" sei, so die Kammer, nicht schon allein wegen unzureichender Differenzierung rechtswidrig. Die Kammer hatte, wie schon das BVerwG, große Mühe, die Verwendung dieser Begriffe durch die Bundesregierung zu rechtfertigen. Demgegenüber hatte das OVG Münster den Beschwerdeführern Recht gegeben.

BVerfG und BVerwG übernahmen die tatsächlichen Feststellungen des OVG. Sie vertraten aber die Ansicht, die Bundesregierung habe die problematischen Begriffe entscheidend entschärft, indem sie sozusagen im Kleingedruckten die Notwendigkeit einer jeweils sehr differenzierenden Beurteilung hervorgehoben habe. Auch die grundsätzliche Befugnis der Regierung, ohne gesetzliche Grundlage negative Bewertungen von kleineren Religionsgemeinschaften vorzunehmen, wurde nicht problematisiert. Das BVerwG hatte von Weltverbesserungsideologie mit Totalitätsanspruch, unumstrittener autoritärer Führergestalt, missionarischem Sendungsbewusstsein der Anhänger, fester – vielfach totalitärer – Gruppenstruktur und gruppenspezifischem Ritual der „Jugendsekten" gesprochen. Die Kammer beanstandete das nicht. Dabei werden die genannten Punkte grundsätzlich von Art. 4 umfasst und gilt die Bewertung von Glaubensinhalten seit 1960[86] ansonsten als streng verpönt.

Insbesondere die amtliche Verwendung des Begriffs „Sekte" ist äußerst bedenklich. Zwar verwendet ihn die Religionswissenschaft neutral, gesellschaftlich wurde er aber auf mehreren Ebenen eindeutig abwertend und sogar als Kampfbegriff verstanden. Rechtlich sind „Sekten" lediglich kleinere Religionsgemeinschaften, die denselben religionsverfassungsrechtlichen Grundstatus haben wie die großen. Indirekt hat somit das BVerfG den jahrzehntelangen Kampf der großen Kirchen und des Staats gegen kleine Religionsgemeinschaften unterstützt. Der abschließende umfangreiche Bericht einer Enquête-Kommission des Bundestags hat 1998 aber erge-

---

85 BVerfGE 138, 296: *Kopftuch II.*
86 BVerfGE 12, 1: *Tabakfall.*

ben, dass die pauschale Bekämpfung kleiner Religionsgemeinschaften, die bis zur Verfolgung reichen konnte, nicht berechtigt war.[87] (Siehe auch unten zum Osho-Beschluss, 2002.)

BVerfG-K NJW 1992, 2471, B. 21. 1. 1992 – 1 BvR 517/91: Kein Unterhaltsanspruch gegen Orden (Nichtannahmebeschluss)

In dem seinerzeit aufsehenerregenden Fall hatte ein Pater lange das Ordensgymnasium des Benediktinerordens in Schäftlarn geleitet. Der Orden erhielt dafür die staatlichen Gehälter. Einige Jahre nach der unehelichen Geburt einer Tochter erkannte der Pater die Vaterschaft an, verpflichtete sich zur Unterhaltszahlung und heiratete die Mutter, der erst jetzt als vom Orden angestellte Lehrerin gekündigt wurde.

Der Orden weigerte sich, sich wegen der ihm gegenüber unentgeltlichen Tätigkeit des Vaters am Unterhalt zu beteiligen. Die Eltern waren mehr oder weniger mittellos. Die Klage der Tochter blieb ohne Erfolg. Die unentgeltliche Tätigkeit des Vaters sei keine nach dem Anfechtungsgesetz anfechtbare Zuwendung. Die 1. Kammer des 1. Senats des BVerfG sah ohne weitere Begründung keinen Anlass, eine staatliche Schutzpflicht aus Art. 6 I, II GG zu prüfen. Die Kammer schloss zwar nicht aus, dass der Staat wegen Art. 6 I GG zum Schutz der Familie unter bestimmten Voraussetzungen gehalten sein könne, von Dritten, auch Arbeitgebern oder bei arbeitgeberähnlicher Stellung Rücksichtnahme gegenüber der familiären Unterhaltspflicht zu fordern. Eine solche Schutzpflicht in Form der Verpflichtung zu geeigneten Maßnahmen hat das BVerfG auch in ständiger Rechtsprechung grundsätzlich anerkannt. Aber, so der zentrale Satz: „Eine Verpflichtung der staatlichen Organe, in einem Fall der vorliegenden Art dem Kind die Möglichkeit einzuräumen, auch den Orden oder die Abtei für seinen Unterhalt in Anspruch zu nehmen, kann aus Art. 6 I oder II GG jedenfalls nicht hergeleitet werden".

Hier verweigert die Kammer jegliche Begründung. Dabei bestand gerade in diesem Fall (eigene Verpflichtung des Ordens zur Nächstenliebe gegenüber verdienten Mitarbeitern) „jedenfalls" besonderer Grund, eine

---

87 *Deutscher Bundestag*, Enquête-Kommission „Sogenannte Sekten und Psychogruppen", 1998, auch in Drucksache 13/10950 vom 9. 6. 1998. – Eine Aussage zur problematischen Tätigkeit der „Scientology Church" wird in dieser Entscheidungskritik nicht getroffen.

staatliche Schutzpflicht ernsthaft zu prüfen und eine Entscheidung des Senats herbeizuführen.

BVerfGE 88, 203 = NJW 1993, 1751, U. 28. 5. 1993 – 2 BvF 2/90 u. a.: Schwangerschaftsabbruch II[88]

Wegen der Komplexität der Materie, des gesetzgeberischen Umfelds, der gesellschaftlichen Kontroversen und vor allem der exzessiv langen Urteilsbegründung kann hier nur eine sehr knappe Erörterung erfolgen. Das Gericht hat die Entscheidungsgründe in nicht weniger als 17 Leitsätzen zusammengefasst.

Vorgeschichte der Entscheidung:
Die Wiedervereinigung erforderte eine Neuregelung für ganz Deutschland, weil in der DDR eine Fristenregelung etabliert gewesen war, die vorübergehend weiter bestand. Es erfolgten nach wiederum heftigen Auseinandersetzungen 1992 Änderungen des StGB und anderer Gesetze durch das Schwangeren- und Familienhilfegesetz. Diese wurden Gegenstand der hier erörterten Entscheidung.

Nachdem die mit dem 5. Strafrechtsreformgesetz von 1974 beschlossenen Änderungen mit ihrer Fristenregelung (generelle Straflosigkeit des Abbruchs innerhalb von 12 Wochen) im Jahr 1975 mit dem heiß umkämpften Urteil BVerfGE 39, 1 aufgehoben worden waren (s. hierzu oben), erhielten die §§ 218 ff. StGB eine neue Fassung. Ihr zufolge wurde grundsätzlich nur bestraft, wer eine Schwangerschaft nach Abschluss der Nidation abbricht (§ 218 I, III Satz 1, § 219 d StGB a. F.). Der Abbruch war jedoch innerhalb bestimmter Fristen nicht strafbar, wenn er durch einen Arzt mit Einwilligung der Schwangeren vorgenommen wurde und nach ärztlicher Erkenntnis mit Rücksicht auf bestimmte schwerwiegende Notlagen der Schwangeren angezeigt war (Indikationen).

Zur Entscheidung selbst:
Aus den allgemeinen Aussagen der Entscheidungsgründe seien nur die folgenden Punkte bzw. Behauptungen thesenhaft herausgegriffen.

a) Die Schwangerschaft im Sinn des Gesetzes umfasst nur den Zeitraum ab der *Nidation*, d. h. der vollendeten Einnistung des befruchteten Eis in der Gebärmutter.

---

88 Literaturhinweise: https://weltanschauungsrecht.de/Schwangerschaftsabbruch.

b) Das *eigene Lebensrecht* und die Menschenwürde stehen dem Ungeborenen schon aufgrund seiner Existenz zu. Diese Rechtsposition ist unabhängig von bestimmten religiösen oder philosophischen Überzeugungen, über die dem neutralen Staat kein Urteil zusteht.

c) Die staatliche Schutzpflicht aus Art. 1 I und Art. 2 II GG erlegt der Schwangeren die grundsätzliche Rechtspflicht auf, „das Kind" auszutragen. Grundrechte der Frau führen aber in unzumutbaren Ausnahmelagen zum Entfall der Rechtspflicht. Ansonsten kann auf den Einsatz des Strafrechts nicht verzichtet werden. Ein Beratungskonzept muss darauf ausgelegt sein, die Schwangere für das Austragen „des Kindes" zu gewinnen.

Das Urteil hat zunächst die Grundsätze des 1. Urteils zum Schwangerschaftsabbruch von 1975 wiederholt. Schon das frühere Urteil stand im Gegensatz zur geltenden Rechtsanwendungspraxis in anderen kulturell ähnlichen europäischen Ländern, sogar bei gleicher verfassungsrechtlicher Voraussetzung. Die Rede vom eigenen, durch die *Verfassung* garantierten Lebensrecht des Embryos, das aus der Menschenwürdegarantie und dem Recht auf Leben und körperliche Unversehrtheit „abgeleitet" wird, ist eine *reine Behauptung*, die weder dem Verfassungstext, noch der Entstehungsgeschichte des GG entnommen werden kann (s. dazu näher die obigen Erläuterungen zu BVerfGE 39, 1). Umso ausführlicher, ja weitschweifiger sind die Ausführungen zum Schutzkonzept mit Details zur ärztlichen Beratung, die über längere Strecken wie eine sozialpsychologische Abhandlung wirken. Der Gesetzgeber wird weitgehend entmündigt. Das Gericht ist bestrebt, ihm trotz zahlreicher Unwägbarkeiten sein subjektives Dafürhalten überzustülpen. Das ist mit der Funktion des BVerfG nicht vereinbar. Und auch für die betroffenen Frauen stellt die Entscheidung letztlich eine Entmündigung und paternalistische Bevormundung dar, welche ihre Wurzeln nicht zuletzt im „lutherischen Staatspaternalismus"[89] hat. In einem weltanschaulich neutralen Staat sind derartige Einschränkungen des individuellen Selbstbestimmungsrechts unzulässig.

Das Urteil ist juristisch vielfach und auch heftig kritisiert worden. Besonders stößt die eigenartige Differenzierung zwischen fehlender Tatbestandlichkeit (Stadium bis zur Nidation), rechtlichem Verbot, unsanktionierter Rechtswidrigkeit und Rechtmäßigkeit auf. Man kritisierte, es werde eine (bestreitbare) durchgängige „Hochmoral" vertreten, bei gleichzeitigen erheblichen Ausnahmen in verschiedenen Abstufungen der theoretischen Wertung. Es bleibt weitgehend unklar, ob Passagen zu den tragenden

---

89 Zur Begrifflichkeit *H. Kreß*, Paternalismus in: Hilgendorf u. a. (Hg.), Handbuch Rechtsphilosophie, 2017, 409–413.

Gründen gehören. Viele Erwägungen sind weltfremd unrealistisch. Wie die *juristische* Begründung eines Urteils liest sich die gegebene Begründung über weite Strecken nicht.

Auswirkungen der Entscheidung:

Eine Reihe von Bestimmungen des StGB wurde 1995 geändert. Nach § 218 I dieser Fassung fällt der Abbruch bis zur Einnistung des befruchteten Eies in die Gebärmutter (Nidation, 14. Tag) gar nicht unter den gesetzlichen Tatbestand. Ebenfalls nicht darunter fällt der Abbruch binnen 12 Wochen durch einen Arzt nach gesetzesgemäßer Beratung (§ 218 a I). Das ist eine Fristenlösung in der Form eines Tatbestandsausschlusses. § 218 a II enthält die *Rechtfertigungsgründe* für die medizinisch-soziale und embryopathische sowie kriminologische Indikation innerhalb einer Frist von ebenfalls 12 Wochen. § 218 a IV stellt den Schwangerschaftsabbruch innerhalb von 22 Wochen trotz Rechtswidrigkeit von Strafe frei (Strafausschließungsgrund).

Insgesamt enthält das heutige Gesetz praktisch ein Fristenmodell mit einer erweiterten Indikationslösung, bei der es wohl lange bleiben wird. In der Strafrechtspraxis spielt die Problematik kaum eine Rolle. Frauen, die die angeblich höchstrangigen moralischen Forderungen erfüllen, erleiden in der Lebenswirklichkeit ganz erhebliche Nachteile, die durch Sozialprogramme nur notdürftig kaschiert werden.

Abschließend wird bemerkt: Der Gesetzgeber kann zwar mit rationalen, evidenzbasierten, weltanschaulich neutralen Gründen verfügen, dass *Spätabtreibungen* nur in *Ausnahmefällen* zulässig sind. Solche – nichtreligiösen – Gründe liegen jedoch nicht vor, wenn der Staat bewusstseins- und empfindungsunfähigen Embryonen „ein eigenes Recht auf Leben" einräumt, dieses vermeintliche „Recht" gegen die Selbstbestimmungsrechte der Frauen ausspielt und über ihren Schwangerschaftsabbruch das Verdikt der Rechtswidrigkeit verhängt.[90]

Zur Ergänzung wird auf die obigen grundlegenden Erörterungen zum Urteil von 1975 verwiesen.

Die Thematik des Schwangerschaftsabbruchs ist durch die Pro-Forma-Verurteilung der Gießener Ärztin Kristina Hänel nach § 219 a StGB wegen nach dem Gesetz unzulässiger Hinweise zur Durchführung von Schwangerschaftsabbrüchen im Jahr 2017 wieder in die Öffentlichkeit gerückt.

---

90 J. *Neumann/M. Schmidt-Salomon*, Stellungnahme zum Referentenentwurf des BMJV für ein Gesetz zur Verbesserung der Information über einen Schwangerschaftsabbruch v. 28.1.2019 in: Neumann/Czermak/Merkel/Putzke (Hg.), Aktuelle Entwicklungen im Weltanschauungsrecht, 2019, 357–360.

Der Ausgang der Sache Hänel (strafrechtliches Verbot des Hinweises auf eine legale Berufstätigkeit) ist derzeit (Dezember 2020) noch offen.

BVerfGE 93, 1 = NJW 1995, 2477, B. 16. 5. 1995 – 1 BvR 1087/91: Kruzifix

Es handelt sich um eine der wichtigsten, denkwürdigsten und meistzitierten Entscheidungen des BVerfG. Ihr zufolge verstößt die Anbringung eines Kreuzes oder Kruzifixes in den Unterrichtsräumen einer staatlichen Pflichtschule, die keine Bekenntnisschule ist, gegen Art. 4 I GG. Daher wurde die einschlägige Bestimmung der damaligen bayerischen Volksschulordnung für nichtig erklärt.

Schon die Vorgeschichte des Falls ist ungewöhnlich. Erst nach längeren Auseinandersetzungen stimmte der Staat einem Kompromiss (wesentlich kleineres Kreuz, nicht an Stirnwand) zu, ignorierte ihn aber bei der Einschulung der weiteren Kinder und bei anderen Gelegenheiten, so dass die Auseinandersetzungen mehrfach aufflammten. Die Familie wurde durch massive staatliche Gewalt regelrecht verfolgt, der Rechtsstreit vom Staat mutwillig herbeigeführt.[91]

Grundlage der Anbringung von Kreuzen in Klassenzimmern war § 13 I 3 der bayerischen Volksschulordnung von 1983. § 13 I lautete insgesamt: „Die Schule unterstützt die Erziehungsberechtigten bei der religiösen Erziehung der Kinder. Schulgebet, Schulgottesdienst und Schulandacht sind Möglichkeiten dieser Unterstützung. In jedem Klassenzimmer ist ein Kreuz anzubringen. Lehrer und Schüler sind verpflichtet, die religiösen Empfindungen aller zu achten."

Aus streng juristischer Sicht war auch seinerzeit nicht recht verständlich, was an dem Beschluss so falsch und schlimm gewesen sein soll.[92] Im Lehrbuch zum Staatskirchenrecht von Jeand'Heur/Korioth heißt es, dass die

---

91 Nähere Hinweise zu dieser unglaublichen Vorgeschichte finden sich bei *G. Czermak*, Der Kruzifix-Beschluß des Bundesverfassungsgerichts, seine Ursachen und seine Bedeutung, NJW 1995, 3348 (3349). Der Höhepunkt war, dass der Vater der Kinder auf staatliche Veranlassung in die Regensburger Psychiatrie eingewiesen wurde, aus der er nach 12 Tagen entlassen werden musste, weil es keinen medizinischen Grund gab.

92 „Das verwundert", heißt es zu den Vorwürfen in *B. Jeand'Heur/S. Korioth*, Grundzüge des Staatskirchenrechts, 2000, im Rahmen einer eingehenden Erörterung (S. 86). Die Entscheidung enthalte keine prinzipiellen oder gar umstürzenden verfassungsrechtlichen Aussagen. Dieser Einschätzung schließt sich *J. Rozek*, Anmerkung zum Kruzifix-Beschluss des BVerfG, BayVBl 1996, 22 (22) an. Dort wird

streitgegenständliche Vorschrift der Volksschulordnung verfassungsrechtlich „nicht haltbar war, sollte offensichtlich sein"[93]. Heute ist die Entscheidung unter Verfassungsrechtlern fast allgemein anerkannt. Sie entsprach der traditionellen Grundrechtsdogmatik und enthielt insoweit keine Neuerungen. In den weit verstandenen Schutzbereich wurden religiöse Symbole einbezogen. Wesentliche Aussagen waren: In seinem Bereich muss der Staat der Einzelpersönlichkeit einen weltanschaulich-religiösen Betätigungsraum sichern, dabei aber die unterschiedlichen konkurrierenden Glaubensrichtungen neutral voreinander schützen. Kreuze und Kruzifixe haben appellativen Charakter, denn sie sind das Glaubenssymbol des Christentums schlechthin. Nichtchristen sehen in ihm den Ausdruck einer von ihnen abgelehnten Glaubensüberzeugung mit missionarischer Bedeutung, die jedenfalls auf den Betrachter einwirken soll. Schulkreuze sind vom Staat angebracht, eine Ausweichmöglichkeit besteht für die Schüler nicht.

Daher liegt nach BVerfG ein Eingriff in Art. 4 I, II GG vor. Dieser ist nicht gerechtfertigt, denn niemand hat einen Rechtsanspruch auf Berücksichtigung gerade seines Symbols. Eine Grundrechtskollision liegt somit nicht vor. Einen glaubenschristlichen Grundcharakter dürfen auch sogenannte christliche Gemeinschaftsschulen nicht haben, wie schon die einschlägigen Entscheidungen des BVerfG von 1975 herausgearbeitet haben. Der Staat darf daher keine Schulkreuze anbringen. Soweit die wesentliche Argumentation des Gerichts, die der ansonsten anerkannten Grundrechtsdogmatik folgt.[94]

Juristisch ist der Beschluss dennoch teilweise kritikwürdig. Die Ausführungen zum Neutralitätsgebot[95] fassen zwar die wesentlichen Aussagen aus dem Urteil von 1965 zur Badischen Kirchbausteuer[96] und andere Passagen aus der Rechtsprechung verdienstvoll zusammen. Leider bleibt aber die dogmatische Zuordnung von Art. 4 GG und Neutralitätsgebot als objekti-

---

unter Hinweis auf die Rechtsprechung zu religiöser Lehrerkleidung (Bhagwan) erklärt: „Wieso für das staatlich verordnete Schulkreuz plötzlich anderes gelten soll, ist eine auf der Hand liegende Frage" (a. a. O. 24).

93 *B. Jeand'Heur/S. Korioth,* Grundzüge des Staatskirchenrechts, 2000, 87.
94 So z. B. *M. Stolleis,* Überkreuz, KritV 2000, 376 ff. (zum Kruzifix-Beschluss und seiner Rezeption); eingehend zur Dogmatik von BVerfGE 93, 1: *G. Czermak,* Zur Unzulässigkeit des Kreuzes in der Schule aus verfassungsrechtlicher Sicht in: Brugger/Huster (Hg.), Der Streit um das Kreuz in der Schule, 1998, 13–40 (auch in https://weltanschauungsrecht.de/unzulaessigkeit-kreuz).
95 Dazu die Hinweise in Kap. 7.
96 BVerfGE 19, 206 (216): *Badische Kirchbausteuer.*

vem Recht unklar. Nach der ständigen Rechtsprechung des Gerichts ist bei Zulässigkeit einer Verfassungsbeschwerde und zumindest bei bestehendem Grundrechtseingriff das objektive Verfassungsrecht insgesamt Prüfungsmaßstab.[97] Gerade im Hinblick auf die Defizite der Entscheidung von 1973 zum Kreuz im Gerichtssaal[98] (s. o.) und die notorische Missachtung des Neutralitätsgebots durch die Rechtspraxis wären zur Neutralität weitere Ausführungen veranlasst gewesen. Der Senat hätte sich (selbst bei Annahme eines nur geringfügigen Eingriffs) damit begnügen können, die Prüfung mit der Feststellung eines Verstoßes gegen das Neutralitätsgebot zu beenden. Eine Erörterung grundrechtsdogmatischer Fragen wie der – je nach Betrachtungsweisen – ggf. erforderlichen Intensität des Eingriffs wäre dann unnötig gewesen. Sehr ärgerlich ist, dass nicht auch die nicht unmittelbar einschlägigen Teile des § 13 der Volksschulordnung (schulischer Auftrag zur Förderung der religiösen Kindererziehung) wenigstens mit deutlich kritischen Anmerkungen bedacht wurden. Hier war ausnahmsweise ein *Obiter Dictum* angebracht.[99] Die Entscheidung erweckt nämlich den Eindruck eines möglichst schonenden Umgangs mit der bayerischen Schulverwaltung. Dabei musste deren Wille zum kirchenfreundlichen Verfassungsbruch[100] ja bekannt gewesen sein.

Das ungewöhnlich ausführliche *Minderheitsvotum* dreier Richter des Senats wirft kein gutes Licht auf den Stellenwert der juristischen Dogmatik in ideologisch befrachteten Fällen. Es zeigt besonders eindringlich, wie stark die einseitigen weltanschaulichen Tendenzen im höchsten deutschen Gericht jedenfalls 1995 waren. Das Minderheitsvotum erkennt keine Verletzung der Religionsfreiheit. Es beginnt eigenartig mit allgemeinen formalen Punkten. Hervorgehoben wird die ausschließliche Zuständigkeit

---

97 S. etwa BVerfGE 70, 138: *Buchhalter- und Assistenzarzt-Fall:* „Bei der materiellrechtlichen Prüfung einer zulässigen Verfassungsbeschwerde ist das Bundesverfassungsgericht nicht darauf beschränkt zu untersuchen, ob die gerügte Grundrechtsverletzung vorliegt. Es kann die angegriffenen Entscheidungen vielmehr unter jedem in Betracht kommenden Gesichtspunkt auf ihre verfassungsrechtliche Unbedenklichkeit hin prüfen (vgl. BVerfGE 42, 312 [325 f.] m. w. N.; 53, 366 [390]; 57, 220 [241]).“ Vgl. auch E 128, 193 (206).

98 BVerfGE 35, 366: *Kreuz im Gerichtssaal.*

99 Dass mit der Entscheidung zum Kreuz die Problematik der religiösen Tendenz des Schulwesens insgesamt nicht beendet sein würde, war angesichts der religiösen Schulpolitik insbesondere in Bayern ja abzusehen, s. *G. Czermak*, https://weltanschauungsrecht.de/christliche-schulpolitik. Das hat sich auch in der Gesetzgebung zu religiösen Symbolen gezeigt.

100 *G. Czermak*, Verfassungsbruch als Erziehungsmittel? Zur schulischen Zwangsmission in Bayern, KJ 1992, 46 ff.

der Länder für Schulpolitik, wobei die „Gegebenheiten des Freistaats Bayern" Ausgangspunkt der verfassungsrechtlichen Prüfung sein müssten. In allen bayerischen Schulen gehöre „Ehrfurcht vor Gott" zu den obersten Bildungszielen. Die Landesverfassung enthalte aber keine spezifisch christlichen Glaubensinhalte. In solchen Organisationsfragen bestehe ein weiter Gestaltungsspielraum. Ein Schlüsselsatz lautet: „Da der Landesgesetzgeber in verfassungsrechtlich unbedenklicher Weise den Schultyp der christlichen Gemeinschaftsschule einführen darf, kann es ihm nicht verwehrt sein, die Wertvorstellungen, die diesen Schultyp prägen, in den Unterrichtsräumen durch das Kreuz zu symbolisieren." Das Votum spricht von „zu vermittelnden überkonfessionellen christlich-abendländischen Werten und ethischen Normen". Bezeichnenderweise geben auch die Minderheitsrichter nicht an, was das eigentlich konkret für Werte sein sollen.[101] Erwähnt wird dann die Mehrzahl der Staatsbürger, die einer christlichen Kirche angehöre (genauer: Kirchensteuer zahle). Schule und Elternhaus sollten in grundlegenden Wertanschauungen möglichst übereinstimmen.

Im Folgenden deutet das Minderheitsvotum die im Unklaren belassene Neutralitätspflicht des Staats so, dass sie keine Indifferenz und keinen Laizismus bedeute, was aber kein ernstzunehmender Autor jemals behauptet hatte.[102] Ferner wird darauf hingewiesen, dass die WRV für eine Zusammenarbeit mit den Religionsgemeinschaften spreche. Das Kreuz sei nicht missionarisch, und zugunsten der Minderheiten gelte das Toleranzgebot. In der Schule gelte die positive Religionsfreiheit, die Freiheitsrechte seien nicht aufgehoben. Auch sei das Kreuzsymbol in Bayern weithin üblich. Die Beschwerdeführer hätten sich nicht auf die positive, sondern nur die negative Religionsfreiheit berufen.

Wenn zum Ausgleich auf das *Toleranzprinzip* abgestellt wird, bedeutet das im Ergebnis nichts anderes als die Durchsetzung des Mehrheitsgrundsatzes, dessen Anwendung freilich an anderer Stelle als unmaßgeblich be-

---

101 Krit. zur „christlich-abendländischen Kultur" *R. Bergmeier*, Christlich-abendländische Kultur. Eine Legende, 2014; s. auch von *G. Czermak* den Artikel Abendland, https://weltanschauungsrecht.de/abendland und den krit. Artikel „Das christliche Abendland ist Fiktion" des katholischen Theologen *Manfred Becker-Huberti*, https://www.katholisch.de/aktuelles/aktuelle-artikel/das-christliche-abendland-ist-fiktion. Der Verf. war langjähriger Pressesprecher des Erzbistums Köln.

102 Insbesondere nicht der langjährige Vorkämpfer für Laizität, Erwin Fischer, dem immer wieder entgegen seinen Klarstellungen (dazu E. Fischer, Trennung von Staat und Kirche, 3. A. 1984, 38–40) vorgeworfen wurde, er sei Laizist. Er vertrat aber Laizität im Sinn von konsequenter Neutralität.

zeichnet worden war. Nichtchristen, selbst wenn sie christliche Überzeugungen bekämpften, müssten Toleranz walten lassen. Ein wesentliches Hintergrundmotiv wird so formuliert: „Die psychische Beeinträchtigung und mentale Belastung, die nichtchristliche Schüler durch die zwangsläufige Wahrnehmung des Kreuzes im Unterricht zu erdulden haben, hat nur ein verhältnismäßig geringes Gewicht."[103] Zum Schluss weist das Minderheitsvotum nochmals auf die besonderen Verhältnisse in Bayern hin. Dort seien die Schüler in vielen *Lebensbereichen* tagtäglich mit dem Anblick von Kreuzen konfrontiert. „Unter solchen Verhältnissen bleibt auch das Kreuz im Klassenzimmer im Rahmen des Üblichen; ein missionarischer Charakter kommt ihm nicht zu."

Komprimiert besagt das Sondervotum: Zunächst sind die ausschließliche Landeskompetenz und die religiösen Bezüge der Landesverfassung sowie die „Gegebenheiten des Freistaats Bayern" auch von verfassungsrechtlicher Bedeutung. Dass das GG jeder Art von sonstigem Recht vorgeht (Art. 31 GG), ist nicht der Erwähnung wert. Da christliche Gemeinschaftsschulen zulässig sind, können die sie prägenden Wertvorstellungen auch durch das Kreuz symbolisiert werden. Denn zu vermitteln sind „die überkonfessionellen christlich-abendländischen Werte und ethischen Normen". Dass sich das gerade aus den einschlägigen Urteilen des BVerfG so nicht ergibt, wird übergangen. Der Staat muss zwar weltanschaulich-religiös neutral sein, aber die Neutralität wird nach dem Minderheitsvotum nicht verletzt. Der Inhalt der Neutralitätspflicht bleibt zwar auch hier völlig im Nebel, wird aber überflüssigerweise dem bekämpften Laizismus entgegengesetzt. Das Schulkreuz beeinflusst laut Sondervotum nicht missionarisch, zumal Kreuze auch sonst weithin üblich sind. Die positive Religionsfreiheit wird fälschlich als gewichtiger angesehen als die negative.[104] Obwohl bei Grundrechten der Mehrheitsgrundsatz nicht gilt – so auch das Minderheitsvotum – sollen dennoch Nichtchristen als Minderheit Toleranz üben. Dass die Mehrheitsverhältnisse in Großstädten auch damals nicht immer klar waren, wird nicht erwähnt. Eine Grundrechtsbeeinträchtigung liege zwar vor, habe aber angesichts der gesellschaftlichen Üblichkeit des Kreu-

---

103 Nebenbei: Wie bedeutsam die Angelegenheit war, zeigen die über fünfzig Morddrohungen nach Verkündung des Beschlusses gegenüber den anthroposophischen Betroffenen.

104 Positive und negative Religionsfreiheit sind nur zwei Aspekte ein und desselben Grundrechts. Näher zu dieser Frage *L. Renck*, Über positive und negative Bekenntnisfreiheit, NVwZ 1994, 544 ff. und ZRP, Positive und negative Bekenntnisfreiheit und Glaubens- oder Rechtsstaat, 1996, 205 ff.; wie hier und die h. M. *P. Unruh*, Religionsverfassungsrecht, 4. A. 2018, 64 f.

zes ein „verhältnismäßig geringes Gewicht". Man fragt sich, woher die drei christlich-abendländischen Richter so genau über die Empfindungen der Andersdenkenden Bescheid wissen. Im Ergebnis folgt daraus, dass bei Geringfügigkeit der Grundrechtsbeeinträchtigung eine Rechtfertigungsprüfung entbehrlich ist. Das ist eine punktuelle Sondererfindung der drei Minderheitsrichter.

Das Minderheitsvotum ist nichts anderes als eine weitschweifige und höchst widersprüchliche gesellschaftspolitische Unmutsbekundung. Mit Rechtsanwendung nach anerkannten juristischen Regeln hat es nichts zu tun. Mit immer noch vornehmer Zurückhaltung schrieb dazu Jochen Rozek in den Bayerischen Verwaltungsblättern: Im Hinblick auf das Problem der Ideologiejurisprudenz gebe das Minderheitsvotum „Anlass zu leichter Verwunderung aus juristischer Sicht"[105]. Wie innerlich unabhängig waren die Verfasser des Minderheitsvotums?

BVerfG-K NVwZ 1999, 756, B. 17. 2. 1999 – 1 BvL 26/97: Richtervorlage Ethikunterricht (Unzulässigkeit)

Eine Richtervorlage des Verwaltungsgerichts Hannover[106] betraf die Frage der Verfassungsmäßigkeit des niedersächsischen Ersatzunterrichts „Werte und Normen", der im Wesentlichen von allen Schülern besucht werden musste, die nicht am Religionsunterricht teilnahmen. Wie die literarische Kritik an der Ersatzfachkonstruktion des Ethikunterrichts[107] argumentierte das Verwaltungsgericht Hannover eingehend mit der Freiwilligkeit der Teilnahme am Religionsunterricht (Art. 7 II GG), der Religionsfreiheit (Art. 4 I, II GG) und dem Anknüpfungsverbot des Art. 3 III GG. Eine Kammer des 1. Senats lehnte die Vorlage dennoch als unzulässig ab. Dabei bezeichnete Dirk Heckmann – obwohl Anhänger der h. M. – die kritischen

---

105 *J. Rozek*, Anmerkung zum Kruzifix-Beschluss des BVerfG, BayVBl 1996, 22 ff.

106 VG Hannover, NVwZ 1998, 316, 20. 8. 1997 – 6 A 8016/94.

107 Initial: *L. Renck*, Verfassungsprobleme des Ethikunterrichts, BayVBl 1992, 519 ff.; im Übrigen: *J. Bader*, Zur Verfassungsmäßigkeit des obligatorischen Ethikunterrichts, NVwZ 1998, 256 ff.; *G. Czermak*, Das Pflicht-Ersatzfach Ethikunterricht als Problem der Religionsfreiheit, des Elternrechts und der Gleichheitsrechte, NVwZ 1996, 450 ff.; *B. Jeand'Heur/S. Korioth*, Grundzüge des Staatskirchenrechts, 2000, 215 ff.

Argumente als „nicht leicht zu widerlegen".[108] Die Teilnahme am Religionsunterricht ist nach Art. 7 II GG rein freiwillig. Schon deswegen kann nicht speziell für Nichtteilnehmer „ersatzweise" ein anderer Unterricht erzwungen werden.

Die Kammer des BVerfG erlegte den Gerichten im theoretischen Teil der Begründung Darlegungslasten für Richtervorlagen nach Art. 100 I GG auf, denen sie kaum nachkommen können. Vergleicht man im konkreten Fall die besonders sorgfältige und konsistente Vorlagebegründung mit dem Ablehnungsbeschluss (s. o.), so kann man sich gar nicht mehr vorstellen, es könne jemals ein Gericht eine zulässige Richtervorlage formulieren. Es wird sogar fälschlich behauptet, die Argumentation mit Art. 7 II GG sei nicht ausreichend verständlich, da nur als möglich bezeichnet. Das Gegenteil ist der Fall. Die Kammer des BVerfG suchte, so sieht es für einen kritischen Beobachter aus, angestrengt nach irgendwelchen Gründen, um die Entscheidung abzuwürgen, damit es nicht zu einer Senatsentscheidung kommt. Die Darlegungen der Kammer sind derart spitzfindig, dass bei einer solchen Anwendungspraxis die Richtervorlage als verfassungsrechtlicher Hebel zur zusätzlichen Innovation überhaupt nicht mehr in Betracht kommt.

Die, natürlich nicht „beweisbare", Vermutung, es solle eine „gefährliche" Sachprüfung durch den Senat abgeblockt werden, wird verstärkt durch folgenden Umstand: Dieselbe Kammer hat am 18. 2. 1999[109], dem darauf folgenden Tag, eine inhaltlich im Wesentlichen gleichgeartete Verfassungsbeschwerde gegen das Ethikunterrichts-Urteil des BVerwG[110] nicht angenommen. Sie sei unzulässig, weil neben ihrer (umfangreichen) Begründung nicht binnen Monatsfrist auch das angegriffene Urteil selbst beigefügt gewesen sei. Dabei musste dieses wichtige Urteil dem BVerfG schon längst vorliegen. Die Beschwerdeschrift hat sich laut Kammer mit dem Urteil nicht so auseinandergesetzt, dass die Frage des GG-Verstoßes beurteilt werden könne. Aus dem BVerfGG (§§ 93 I, 92 und 23 I) ergibt sich aber nicht, dass in *jedem* Fall die angefochtene Entscheidung schon mit der Verfassungsbeschwerde binnen Monatsfrist vorzulegen ist und nicht nachgereicht werden kann. Im Übrigen war die Verfassungsbeschwerde unter genauer Bezeichnung des angefochtenen Urteils und der

---

108 *D. Heckmann*, Verfassungsmäßigkeit des Ethikunterrichts [zum Ethikunterricht in Ba-Wü, BVerwGE 107, 75], JuS 1999, 228 ff. Er versucht auch keine Widerlegung.
109 In der Sache 1 BvR 1840/98.
110 BVerwGE 107, 75, U. 17. 6. 1998 – 6 C 11/97: *Ethikunterricht*, Fall Neumann.

Grundrechtsrügen unter Darlegung der grundsätzlichen Bedeutung (§ 93 a BVerfGG) auf 18 Seiten in glasklarer *Detailauseinandersetzung* mit den Entscheidungsgründen erstellt worden. Verfasser war ein Juraprofessor, der damals luzideste kritische Religionsverfassungsrechtler.[111] Eine Nichtannahme war alles andere als zwingend, zumal bei (hier offensichtlich) sehr grundsätzlicher Bedeutung eine Annahme geboten war.

Eine positive Entscheidung des Senats hätte bundesweit ein *Ende des Ethikunterrichts in Form eines Ersatzunterrichts* bedeuten müssen. Das hätte somit die (ohnehin gegebene) Möglichkeit eines Ethik- oder Philosophieunterrichts für *sämtliche* Schüler (ohne Ausnahme) begünstigt. Die Verhinderung einer grundrechtlichen Prüfung durch den Senat bedeutete die Abwehr einer Gefährdung der faktischen Vorrangstellung des Religionsunterrichts. Gleichzeitig wurden die Chancen, durch einen Ethikunterricht für *alle* Schüler die gesellschaftliche Integration zu fördern, schwer behindert.

---

111 S. die Begründung der Verfassungsbeschwerde durch *L. Renck* (Archiv Czermak).

6. Rechtsprechung von 2000 bis heute

BVerfG-K NVwZ 2001, 909, B. 25. 5. 2001 – 1 BvR 2253/00:
Lohnsteuerkartenvermerk über Nichtmitgliedschaft in einer
Religionsgemeinschaft (Nichtannahmebeschluss)

Kirche und Gericht vertraten die Meinung, die gesetzlich vorgesehene Eintragung der Religionszugehörigkeit auf der Lohnsteuerkarte sei mit der durch Art. 4 I GG gewährleisteten und in Art. 140 GG in Verbindung mit Art. 136 III 1 WRV besonders hervorgehobenen Freiheit, religiöse Überzeugungen zu verschweigen, vereinbar (vgl. näher BVerfGE 49, 375 f., Kap. 5).[112]
Der Beschluss steht in der Tradition der rechtlichen Unantastbarkeit des Kerns der landesgesetzlichen Kirchensteuerregelungen. Ein Ernstnehmen des Art. 136 III 1 WRV (keine religiöse Offenbarungspflicht) würde einen Bruch mit einer jahrzehntelangen Rechtsprechung und Rechtspraxis bedeuten. Dabei garantiert das GG *unbestritten* keine staatliche Kirchensteuerverwaltung. Geht man – wie die h. M. – von ihrer Zulässigkeit aus, war in der Praxis damit bis 2012 ein Lohnsteuerkartenvermerk über die Zugehörigkeit verbunden (seitdem elektronisches Verfahren). Wie bereits skizziert, geht mit einem solchen Eintrag jedoch ein mehr als nur geringfügiger grundrechtlicher Eingriff einher. Aber selbst geringfügige Eingriffe bedürfen ja einer verfassungsrechtlichen Rechtfertigung. Eine solche liegt aber hier wegen Art. 136 III 1 WRV nicht vor.[113]

BVerfGE 105, 279, B. 26. 6. 2002 – 1 BvR 670/91: Osho

Die Entscheidung zu Fragen der Zulässigkeit kritischer Informationen der Bundesregierung über religiöse Bewegungen erging erst 11 Jahre nach Einlegung der Verfassungsbeschwerde, zu einem Zeitpunkt, als der ca. 25 Jahre dauernde erbitterte gesellschaftliche, politische und rechtliche Kampf gegen „Sekten" weitgehend abgeflaut war. Das BVerfG entschied, solche

---

112 S. zu Art. 136 III 1 WRV eingehend und kritisch *S. Korioth* in: Maunz/Dürig, GG, Art. 140/136 III WRV, Rn. 92.

113 S. oben zu BVerfGE 49, 375: *Lohnsteuerkarte.*

Kritik an Aktivitäten sei grundsätzlich trotz Art. 4 GG möglich, wenn das mit Zurückhaltung und in religiös-weltanschaulicher Neutralität geschehe sowie ohne diffamierende, diskriminierende oder verfälschende Darstellungen. Als Befugnis dafür reiche die allgemeine Berechtigung der Staatsleitung zu gesamtstaatlicher Informationstätigkeit aus, ohne dass es dazu einer besonderen gesetzlichen Ermächtigung bedürfe. Diese Zubilligung ungeschriebener Befugnisse zu Eingriffen in die Religionsfreiheit ist auf verfassungsdogmatische Kritik gestoßen, aber im Grundsatz anerkannt.

In weltanschaulicher Hinsicht ist der Senatsbeschluss (abgesehen von der rechtsstaatswidrigen Entscheidungsverzögerung) trotz der genannten Eingriffsbeschränkungen angesichts der Fallumstände problematisch. Der Senat hielt zwar die Attribute „destruktiv" und „pseudoreligiös" sowie den Vorwurf der Manipulation von Mitgliedern im Hinblick auf Art. 4 GG für nicht haltbar. Die Bezeichnungen „Sekte", „Jugendreligion", „Jugendsekte" und „Psychosekte", welche die Bundesregierung in der Unterrichtung über die Osho-Bewegung verwendet hatte, hielt es hingegen für unbedenklich. Diese Begriffe wurden hier als verfassungsrechtlich neutral verwendet angesehen. Das steht aber in krassem Widerspruch zum allgemeinen Verständnis des Sektenbegriffs in der Öffentlichkeit. Im allgemeinen Sprachgebrauch ist er eindeutig negativ besetzt. Häufig meint man Gruppen, die als problematisch, wenn nicht gar gefährlich eingestuft werden oder als theologische Irrlehrer gelten. Noch schlimmer ist der Begriff „Psychosekte", denn mit diesem werden (trotz erwiesenermaßen geringer tatsächlicher Bedeutung) schlimmer Missbrauch und Gehirnwäsche verbunden. Dass Religionswissenschaftler den Begriff Sekte als Wissenschaftsbegriff völlig wertneutral verwenden, kann keine Ausrede für die Begriffsverwendung in der politischen Öffentlichkeitsarbeit sein. Besonders anzukreiden ist dem BVerfG, dass es den genannten Sektenbegriffen nicht einmal die Eignung zugesprochen hat, den Schutzbereich des Art. 4 GG zu eröffnen. Dabei wurden mit der bloßen (auch unberechtigten) Beschuldigung der Sektenmitgliedschaft mitunter ganze Existenzen schwer beeinträchtigt oder gar vernichtet.

Das BVerfG ist seiner Verpflichtung, alle Religions- und Weltanschauungsgemeinschaften gleich zu behandeln, insbesondere das Recht der kleinen Religionsgemeinschaften zu schützen, nicht nachgekommen.

Grundsätzlich ist es sehr bedenklich, Kampfbegriffe wie „Sekten" besonders zum Vorteil der Kirchen zu verwenden. „Sekten" sind kleinere Religionsgemeinschaften, die denselben religionsverfassungsrechtlichen Grundstatus haben wie die großen religiösen Vereinigungen. Der korrekte Rechtsbegriff lautet „Religionsgemeinschaften" (GG) bzw. „Religionsgesellschaften" (WRV). Über die oft merkwürdigen Lehren von Religionsgemeinschaften hat sich die Staatsleitung nicht zu erheben, denn unplausibel, teilweise skurril, sind je nach Grundüberzeugung auch Ansichten großer Religionsgemeinschaften. Das BVerfG erklärt zwar, kritische Informationen zu Religionsgemeinschaften seien u. a. zulässig, wenn sie neutral erfolgen. Im Widerspruch dazu steht freilich, dass das *Opus Dei*, die bekannte rigide rechtskatholische Vereinigung, weder Gegenstand der Untersuchungen der Enquête-Kommission des Bundestags war, noch vom BVerfG jemals erwähnt wurde.[114]

Eine positive Würdigung der Osho-Bewegung ist mit dieser Entscheidungskritik natürlich nicht verbunden.

BVerfGE 108, 282, U. 24. 9. 2003 – 2 BvR 1436/02:
1. Kopftuchentscheidung[115]

Der 2. Senat vertrat 2003 mehrheitlich die Ansicht, solange es kein einschlägiges Gesetz gebe, komme es mangels Bekleidungsvorschriften u. a. darauf an, ob die Lehrerin Gewähr für einen weltanschaulich neutralen Unterricht biete. Gesetze könnten die Kopftuchfrage unterschiedlich regeln und islamische Kopftücher auch untersagen. Bei einer solchen gesetzlichen Regelung hat der Landesgesetzgeber der Glaubensfreiheit der Leh-

---

114 Nicht wenige innerkirchliche Vorwürfe gegen das gut dokumentierte intellektuelle Opus Dei, das die Kirche nach dem 2. Vatikanischen Konzil für verschmutzt und vom Teufel befallen hält, sind sehr massiv. Es geht u. a. um geistige Knechtung (Leseverbote), körperliche Züchtigung (Bußgürtel), vielfältige repressive Praktiken („heiliger Zwang", „blinder Gehorsam"). Das Opus Dei (derzeit weltweit nach Eigenangabe 92.000 Mitglieder) versteht sich als intolerante undemokratische Kampftruppe. In Deutschland sollen etwa 1500 Personen Mitglied sein, zusätzlich Mitarbeiter. Das Opus Dei hat einen speziellen kirchenrechtlichen Status und war die Lieblingsorganisation von Johannes Paul II., und auch Benedikt XVI. war der Organisation zugetan. Das Opus Dei war daran, die Macht im Vatikan zu übernehmen, bis 2013 der Jesuit Franziskus Papst wurde. In Deutschland haben etliche Bischöfe das Opus Dei gefördert, 23 Bischöfe votierten für die Heiligsprechung des Opus-Dei-Gründers im Jahr 2002. Zu Struktur und Einfluss des Opus Dei statt aller der katholische Theologe *W. Beinert* (Hg.), „Katholischer" Fundamentalismus. Häretische Gruppen in der Kirche?, 1991. Darin *P. Hertel* 148–165 kompakt zum Opus Dei. Sehr informativ die Dokumentation (einschließlich Opus Dei) von *W. Beinert* 90–115 zu fundamentalistischen Zügen in 29 Aspekten.

115 Siehe zu dieser Grundsatzentscheidung näher unten im Zusammenhang mit der 2. Kopftuchentscheidung BVerfGE 138, 296 v. 27. 1. 2015.

rer wie auch der betroffenen Schüler, dem Erziehungsrecht der Eltern sowie der Pflicht des Staates zu weltanschaulich-religiöser Neutralität in angemessener Weise Rechnung zu tragen. Das heißt: Verbot aller religiösen Bekleidungsstücke, nicht nur des Kopftuchs.

Eine Minderheit von drei Richtern verneinte einen Gesetzesvorbehalt im Hinblick auf eine Kopftuchregelung und betonte gegenüber dem Kopftuchtragen sehr deutlich die beamtenrechtliche Neutralität.

Der 1. Senat sah das alles 2015 ganz anders.

BVerfG-K NJW 2003, 3468, B. 2. 10. 2003 – 1 BvR 1522/03: Tischgebet in kommunalem Kindergarten (Nichtannahmebeschluss)

Die Kammer vertrat folgende Auffassung: In kommunalen Kindergärten hänge die Zulässigkeit eines Tischgebets davon ab, ob beim maßgeblichen Erziehungskonzept eine unzulässige missionarische Zielsetzung ausgeschlossen werden könne. Das sei eine Frage der Gegebenheiten des Einzelfalls.

Ein „atheistischer" Vater[116] hatte sich gegen das Tischgebet im gemeindlichen Kindergarten, den sein Kind besuchte, gewandt. Das verstoße gegen die Neutralitätspflicht. Die Gemeinde wollte ein spezielles christliches Erziehungskonzept verwirklichen. Gerichtliche Eilanträge blieben erfolglos.

In den Gründen vertrat die Kammer folgende Meinung: Zwar sei der Rechtsweg im Verfahren des vorläufigen Rechtsschutzes erschöpft. In diesem Fall müsse aber der Rechtsweg zuerst auch im Klageverfahren erschöpft werden, weil noch Aufklärungsbedarf bestehe. In den Hinweisen für das weitere Vorgehen der Verwaltungsgerichte heißt es:

„Die Verwaltungsgerichte werden bei der abschließenden Beurteilung des Begehrens der Beschwerdeführer auch darauf einzugehen haben, dass es in dem Erziehungskonzept, das der Arbeit in dem streitgegenständlichen Kindergarten zugrunde liegt, zwar einerseits heißt, den in der Einrichtung Tätigen sei die multikulturelle Vielfalt in der Gruppe bewusst, und anders geartete Religionen würden toleriert, dass andererseits aber auch davon die Rede ist, es sei ein wichtiges Unterfangen, ‚die Kinder', also offenbar auch Anders- oder Nichtgläubige, mit dem christlichen Glau-

---

116 Der Begriff „Atheist" ist eigentlich ein ebenso leerer Begriff wie „Gott". Ein sog. Atheist kann z. B. einem sog. Christen geistig recht nahe stehen, während Christen untereinander denkbar fremd sein können. Jeder Form von „Atheismus" liegen Grundüberzeugungen zugrunde wie jedem religiösen Glauben auch.

ben zu konfrontieren; deshalb würden ‚viele Gebete' gelernt und Religion, und zwar, wie dem Kontext zu entnehmen ist, christliche Religion ‚angeboten'. Wäre dies im Sinne einer missionarischen Betätigung, eines gezielten Einwirkens auf anders oder nicht Gläubige, zu verstehen, wäre die Durchführung des Tischgebets als Teil des hier maßgeblichen Erziehungskonzepts mit den Grundrechten der Beschwerdeführer nicht zu vereinbaren (vgl. auch – trotz Art. 7 I GG – für den Bereich der öffentlichen Volksschulen BVerfGE 93, 1 <23>)."

Den Beschwerdeführern sei es zumutbar, auf den Abschluss des Hauptsacheverfahrens verwiesen zu werden. Vorausgesetzt wird dabei, dass auf die anderen Kindergartenkinder pädagogisch dahingehend eingewirkt wird, dem nicht am Tischgebet teilnehmenden beschwerdeführenden Kind respektvoll zu begegnen und sein Verhalten als Ausdruck einer achtenswerten eigenen weltanschaulichen Überzeugung zu tolerieren.

Die Entscheidung ist kritikbedürftig. Denn die Kammer vertrat ja die Auffassung, dass ein christliches Tischgebet, das Erzieherinnen mit kleinen Kindern beten, keine missionarische und deshalb unzulässige Erziehung bedeuten muss. Unter welchen Umständen die Kammer ein Gebet als nicht missionierend ansehen würde, hat sie nicht andeutungsweise erkennen lassen.

Einen Sinn ergibt das differenzierende Verständnis von „Missionierung" nur unter der Annahme, dass ein einfaches Gebet, das inhaltlich in keiner Weise Nichtchristen diskriminiert, keine unzulässige religiös-weltanschauliche Beeinflussung darstellt. Dabei handelte es sich nach den Entscheidungsgründen um einen zwar weltanschaulich-religiös offenen, aber klar christlich orientierten, d. h. nicht neutralen Kindergarten. Dabei gilt auch für kommunale Kindergärten, wie für jede staatlich-öffentliche Einrichtung, dass religiöse Erziehung jedweder Art nicht in der staatlichen bzw. kommunalen Kompetenz liegt. Die Kammer des BVerfG negiert das, obwohl die Behauptung der grundsätzlichen Zulässigkeit spezifischer, wenn auch unaufdringlicher staatlicher religiöser Einflussnahme zumindest in einem Spannungsverhältnis zu den (freilich unklaren) Entscheidungen zur sogenannten christlichen Gemeinschaftsschule von 1975 steht. In ihnen wurde eine christliche Glaubenserziehung zumindest im Grundsatz ausgeschlossen. Der Kruzifix-Beschluss von 1995 hat das wesentlich konsequenter zum Ausdruck gebracht. Dabei war das Verbot der von Staats wegen vorgenommenen religiös-weltanschaulichen Beeinflussung in der Literatur zumindest verbal weitgehend anerkannt und auch in mehreren Entscheidungen des BVerfG zum Ausdruck gekommen.[117]

Hinzu kommt, dass erst wenige Tage zuvor der andere (zweite) Senat in seinem aufsehenerregenden Urteil zur Zulässigkeit des islamischen Kopftuchs das *Gebot strikter Gleichbehandlung der verschiedenen Glaubensrichtungen* herausgestellt und sogar ein gesetzliches Kopftuchverbot zur Wahrung des Neutralitätsgebots erlaubt hatte. Drei Minderheitsvoten hatten sogar einen klaren Verstoß des Kopftuchs gegen die Neutralität gesehen. Das alles einstimmig zu ignorieren, ist unverständlich.

Es war auch nicht angezeigt, auf den Klageweg zu verweisen. Denn zum Zeitpunkt des Kammerbeschlusses war das Kind schon sechs Jahre alt und das Beschreiten des Klagewegs im Hinblick auf die Beendigung des Kindergartenbesuchs und die Verfahrensdauer bei den Verwaltungsgerichten unsinnig. Auch hat es die Kammer unterlassen, den Verwaltungsgerichten brauchbare Hinweise zu geben, in welcher Richtung weitere Sachermittlungen vorzunehmen seien.

Der Beschluss ist nach allem nicht vertretbar. Die Kammer hätte der Verfassungsbeschwerde stattgeben oder sie wegen der praktischen und rechtlichen Bedeutung des Falles wenigstens dem Senat vorlegen müssen. Erklärbar ist das Verhalten nur mit dem Willen, die Sachentscheidung eines verfassungsrechtlich brisanten Falles mit allen Mitteln zu verhindern.

BVerfG-K NJW 2008, 2978, B. 2. 7. 2008 – 1 BvR 3006/07:
Kirchenaustrittsgebühr (Nichtannahmebeschluss)

Der Beschluss kam zum Ergebnis, eine Kirchenaustrittsgebühr von 30 Euro für eine förmliche Erklärung sei verfassungsrechtlich nicht zu beanstanden.

Dem Fall lag die Änderung des Kirchenaustrittsgesetzes in NRW aus dem Jahr 2006 zugrunde. Für das bislang kostenfreie Verfahren zum [sogenannten, Cz[118]] Kirchenaustritt mit Wirkung für den staatlichen Bereich durch förmliche Erklärung vor dem AG wurde nunmehr eine Gebühr von 30 Euro erhoben. Gegen die Entscheidung des AG im Kostenerinnerungs-

---

117 S. die Nachweise bei *Czermak/Hilgendorf* 2018, 66 Fn. 30. Weitere Hinweise in der Entscheidung zur Schulbuchzulassung (1989) in Kap. 5.
118 *Czermak/Hilgendorf* 2018, 140–143; *L. Renck*, Kirchensteuer und Kirchenaustritt, BayVBl 1994, 132 ff.; *ders.*, Verfassungsprobleme des Kirchenaustritts aus kirchensteuerrechtlichen Gründen, DÖV 1995, 373 ff.

verfahren wurde Verfassungsbeschwerde erhoben u. a. mit dem Argument, es gebe keinen Grund, den „Austritt" aus öffentlich-rechtlich organisierten Kirchen strenger auszugestalten als den aus anderen Körperschaften des öffentlichen Rechts. Auch werde beim Eintritt in die Kirche keine Gebühr erhoben. Denn in den Fällen der automatischen Kirchenmitgliedschaft als Folge der Taufe erfolge die Erklärung gegenüber dem Staat durch die Kirchenverwaltung, und zwar gebührenfrei. Diese Erklärung liege aber auf derselben Ebene wie der „Kirchenaustritt" nach staatlichem Gesetz.

Die Verschiedenbehandlung von Bürger und Kirche ist durch sachliche Gründe nicht zu rechtfertigen und verstößt daher gegen Art. 3 I GG. Dass die Kammer sich mit dieser Gleichheitsproblematik nicht auseinandergesetzt hat, kann man als verfassungswidrige Verweigerung des rechtlichen Gehörs (Art. 103 I GG) ansehen.

Darüber hinaus hat die Kammer pauschal die Unzulässigkeit *modifizierender begleitender Erklärungen* gebilligt, obwohl das gar nicht entscheidungserheblich war. Damit wurde die alte Position der Rechtsprechung und Literatur der 1970er Jahre gebilligt, wonach die lediglich für die staatlichen Rechtswirkungenerforderlichen, aber innerkirchlich nicht wirksamen[119], Austrittserklärungen nicht mit einem Hinweis verbunden sein durften, aus der Kirche wolle man aber nicht austreten. Innerkirchliche Erklärungen an die Adresse der Kirchen entgegenzunehmen, fehlt dem Staat aber jegliche Kompetenz. Daher entsprachen solche Hinweise, auch wenn sie protokolliert wurden, nur der Rechtslage und machten die Erklärung des „Austritts", d. h. der Abstandnahme von den staatlichen Wirkungen der Kirchenmitgliedschaft (insbesondere der Kirchensteuer), keineswegs unklar, wie jedoch seinerzeit vielfach behauptet worden war.[120] Mit dem Beschluss hat die Kammer auch den einschlägigen fehlerhaften Regelungen (Falschbezeichnung der Abstandserklärungen als „Kirchenaustritt") sämtlicher Bundesländer nebenbei die Absolution erteilt.

---

119 So richtig BVerfGE 30, 415 (1971): *Taufe, Kirchensteuer, Kirchenaustritt* (im Text nicht dargestellt).

120 Zur Haltlosigkeit solcher Behauptungen L. *Renck*, Kirchensteuer und Kirchenaustritt, BayVBl 2004, 132 (135).

BVerfGE 122, 89, U. 28. 10. 2008 – 1 BvR 462/06: Wissenschaftsfreiheit und Theologie; Fall Lüdemann (Bestätigung von BVerwGE 124, 310)

Der evangelische Neutestamentler Gerd Lüdemann von der Theologischen Fakultät der Universität Göttingen sagte sich 1998 aufgrund seiner Forschungsergebnisse und seines Wissenschaftsverständnisses vom christlichen Glauben insgesamt öffentlich los. Aus der Landeskirche trat er aber nicht aus, weil er weiterhin in der Theologischen Fakultät arbeiten und lehren wollte. Nach Verhandlungen zwischen Fakultät und Staat einigten sich diese auf eine Umsetzung innerhalb der Fakultät auf ein nicht konfessionsgebundenes Fach, das schließlich den Namen „Frühchristliche Studien" erhielt und außerhalb der theologischen Studiengänge lag. Nach erfolglosem Verwaltungsgerichtsweg erhob Lüdemann Verfassungsbeschwerde gegen die ohne seinen Willen erfolgte Versetzung und rügte die Verletzung der Glaubensfreiheit, Wissenschaftsfreiheit, Meinungsfreiheit und des Verbots der Zufügung von Nachteilen aufgrund seines Bekenntnisses oder seiner Weltanschauung (Art. 33 III 2 GG).

Das BVerfG kam zum Ergebnis, Grundrechte würden nicht verletzt. Das GG garantiere theologische Fakultäten zwar nicht, lasse sie aber zu. Die allgemeine Frage ihrer Zulässigkeit erörterte das BVerfG aber nicht. Aus dem Schweigen des GG könne kein radikaler Bruch mit der Universitätstradition abgeleitet werden, denn schon vor dem GG habe es teilweise landesverfassungsrechtliche Garantien gegeben. Das BVerfG berief sich zusätzlich auf das Reichskonkordat und Art. 7 III GG. Demnach darf auch an den Universitäten bekenntnisgebundene Religion gelehrt werden mit entsprechender Lehrerausbildung. Die Zulässigkeit staatlicher Universitätstheologie ergebe sich auch aus der Pflicht der Länder, Bildung und Wissenschaft zu organisieren. Die Länder hätten „das Recht, ihr Verständnis von Wissenschaft und Bildung in einer Weise zu bestimmen, dass die glaubensgebundene Theologie entsprechend den deutschen universitären Traditionen dazu gehört". Das Gericht würdigt auch das „legitime(n) kulturpolitische(n) Interesse des Staates, theologische Ausbildungen in universitärer Freiheit[121] und auf einem universitären wissenschaftlichen Qualifikationsniveau stattfinden zu lassen".

---

121 Um diese Freiheit ist es in den katholischen Fakultäten und ihrer starken Kirchenbindung nicht gut bestellt. Vor der Berufung eines Professors muss zumindest im Westen Deutschlands das verbindliche Einverständnis des Ortsbischofs hinsichtlich kirchlicher Lehre und Lebenswandel eingeholt werden (*Nihil Obstat*). Nach der vatikanischen „Instruktion über die kirchliche Berufung des

Es lag dem Gericht offensichtlich daran, durch die Entscheidungsgründe eine ernsthafte juristische Problematisierung der jahrzehntelang völlig herrschenden juristischen Meinungen abzublocken und den kirchengünstigen Status quo zu zementieren. Bedeutung hat das für ca. 30 staatlich-kirchliche Fakultäten. Nicht (kritisch) erörtert wurden die Fragen der generellen Zulässigkeit theologischer Fakultäten (Trennungsgebot, Wissenschaftsbegriff, freier Zugang zu öffentlichen Ämtern). Nach richtiger Ansicht ist die Ausbildung von Priestern generell unzulässig (keine Staatsaufgabe). Für die Religionslehrerausbildung (Art. 7 III GG) dürften im Allgemeinen auch viele einzelne Lehrstühle genügen. Das bedeutet, dass die meisten theologischen Fakultäten ersatzlos aufzulösen wären. Mit den genannten offen zutage tretenden verfassungsrechtlichen Fragen hat sich das Gericht überhaupt nicht befasst. Die einschlägigen kirchenvertraglichen Regelungen hat es als selbstverständlichen Rechtsbestand zitiert, ohne zu prüfen, ob bzw. inwieweit diese Regelungen mit dem GG vereinbar sind.[122]

BVerfGE 125, 39, U. 1. 12. 2009 – 1 BvR 2857/07, 1 BvR 2858/07:
Ladenöffnungszeiten in Berlin

Das bekannte, meist auch von Juristen unkritisch aufgenommene Urteil betrifft zwar lediglich Berliner Landesrecht und keinen praktisch bedeutsamen Sachverhalt. Es ist aber von *verfassungsdogmatischer Bedeutung* und wurde in den Rang einer Grundsatzentscheidung erhoben. Im Ergebnis hat das BVerfG ein *neues Grundrecht* zugunsten der Kirchen *konstruiert.*

Theologen" von 1990 muss der Theologe, wenn sich „ein Geist der Kritik" zeigt, „seinen Blick durch den Glauben reinigen lassen" (Nr. 9) und die „geoffenbarte Lehre" ist maßgebend für Begriffe und Methoden (Nr. 10). Lehramtliche Äußerungen gleich welchen Inhalts seien loyal zu übernehmen. Diese geistige Knechtung wird noch verstärkt durch den zu leistenden Treueid (Text z. B. https://www.kirchenrecht-online.de/kanon/glaub.html#treueidandere), den wohl niemand einhalten kann. Trotz notgedrungener kirchlicher Duldung vieler vom jeweiligen kirchlichen Lehramt abweichender Lehren der Universitätstheologen ist die Zahl der nach kirchlichem Entzug der Lehrerlaubnis aus ihren Ämtern auf Kosten der Steuerzahler entfernten Theologieprofessoren relativ groß (vgl. dazu die Auflistung bei https://de.wikipedia.org/wiki/Liste_von_katholischen_Theologen,_denen_die_Lehrerlaubnis_entzogen_wurde, Stand Oktober 2020).

122 Näher zur Problematik der theologischen Fakultäten *Czermak/Hilgendorf* 2018, 211–218.

Den Verfassungsbeschwerden der Evangelischen Kirche Berlin-Branden-burg und des Erzbistums Berlin wurde stattgegeben.

Sachverhalt: Das Berliner Ladenschlussgesetz ließ insgesamt ungewöhn-lich großzügige Öffnungszeiten zu. Das Gericht behauptete im Ergebnis, die zusätzliche Ladenöffnung an allen vier Adventssonntagen von 13 bis 20 Uhr greife in den *Kernbereich* der Sonntagsgarantie ein. Dabei war nach dem Gesetz an mindestens 44 von 52 Sonntagen ohnehin keine allge-meine Ladenöffnung zugelassen. Zudem galt in der vormittäglichen Hauptgottesdienstzeit das Ladenöffnungsverbot.

Sozialpolitisch betrachtet war die Nichtigerklärung der an den Advents-sonntagen geltenden Regelung wohl vernünftig zur Abwehr einer noch weiteren Kommerzialisierung. *Juristisch und religionspolitisch* ist sie eher als schwerer Missgriff anzusehen. Es geht um die Bedeutung des sehr schlicht gefassten Art. 139 WRV/140 GG: „Der Sonntag und die staatlich anerkann-ten Feiertage bleiben als Tage der Arbeitsruhe und der seelischen Erhe-bung gesetzlich geschützt." Von hier aus ist es ein sehr weiter Weg bis zu der Behauptung, die Kirchen hätten einen einklagbaren Rechtsanspruch auf einen zusätzlich weitergehenden Ladenschluss an (im Ergebnis) zwei Sonntagen jährlich. Schon die Erklärung, die Verfassungsbeschwerden sei-en zulässig, bricht ohne Not mit wichtigen juristischen Erkenntnissen.[123]

Der Wortlaut des Art. 139 WRV zeigt, dass er niemandem einen persön-lichen Rechtsanspruch zuerkennen will, sondern lediglich einen allgemei-nen gesetzlichen Schutzauftrag und einen eingeschränkten Bestandsschutz gewährleistet, bei anerkannt *weitem Spielraum* des Gesetzgebers. Das war jahrzehntelang die fast allgemeine Ansicht der Verfassungsjuristen. In sei-ner Entscheidung zum Buß- und Bettag hat eine Kammer desselben 1. Se-nats es daher 1995 noch für selbstverständlich gehalten, dass die Abschaf-fung eines speziellen religiösen Feiertages auch bei Berufung auf Art. 4 GG kein subjektives Recht auf seine Beibehaltung verletzt.[124] Die Kammer hat die Sache daher seinerzeit nicht zur Entscheidung angenommen. Über die Rechtslage könnten keine ernsthaften Zweifel bestehen. Jetzt sollte das plötzlich anders sein.

Der Senat hat die Zulässigkeit der Verfassungsbeschwerden u. a. mit der Selbstbetroffenheit der Kirchen begründet, obwohl diese nicht einmal

---

123 Dies gilt ungeachtet der Tatsache, dass das BVerfG auch in anderen Fällen aus objektiv formulierten Verfassungssätzen subjektive Berechtigungen abgeleitet hat.

124 Nichtannahmebeschluss vom 18. 9. 1995, 1 BvR 1456/95, BVerfG NJW 1995, 3378: *Streichung des Buß- und Bettags.*

Adressaten der Regelung waren. Selbstbetroffenheit komme aber „unter dem Gesichtspunkt in Betracht, dass sich durch die in Rede stehenden Ladenöffnungszeiten generell der Charakter der Sonn- und Feiertage als Tage der Arbeitsruhe, aber auch der Besinnung verändert, weil diese Tage auch in ihrer Ganzheit als Tage der Ruhe und der seelischen Erhebung religiöse Bedeutung für die Beschwerdeführer haben." Diese Argumentation ist aber sehr weit hergeholt, denn *alle* Berliner haben denselben Anspruch auf Ruhe, Besinnung und seelische Erhebung. Dazu braucht man nicht Kirchenmitglied zu sein, und auch in diesem Fall könnten doch grundrechtlich allenfalls die Bürger selbst berechtigt sein. Aus dem Text des Art. 139 ergibt sich *keinerlei* Anhaltspunkt für die These, Religionsgemeinschaften könnten ein Recht geltend machen. Art. 139 WRV hat einen sozialstaatlichen Charakter und lässt keinen individualisierbaren Grundrechtsträger zu. Denn sonst müssten auch Gewerkschaften oder Einzelbürger Verfassungsbeschwerde erheben können, zumal Religion im Verfassungstext ausdrücklich *nicht* als speziell zu schützendes Gut genannt ist. Religion ist nur ein – nicht hervorgehobener – Aspekt der „seelischen Erhebung". Mit gutem Grund haben daher drei Verfassungsrichter die Zulässigkeit der Verfassungsbeschwerde verneint.

Das Gericht räumt zwar ein, dass sich aus Art. 4 I, II GG kein Anspruch auf eine staatliche Verpflichtung herleiten lässt, und auch, dass Art. 139 WRV kein grundrechtsgleiches Recht einräumt. Dass sich aus der Kombination beider unzureichender Bestimmungen eine ganz andere, nämlich Grundrechtsqualität ergeben soll, ist eine völlig freie, mit der anerkannten Grundrechtsdogmatik nicht vereinbare Neuerfindung. Gegen eine solche Konstruktion hat sich neben anderen Stefan Korioth mit eingehender Begründung ausgesprochen.[125] Claus Dieter Classen wandte sich in seinem religionsrechtlichen Lehrbuch zu Recht dagegen, den Kirchen ein „gesamtgesellschaftliches Bestimmungsrecht" über die Freizeitgestaltung zu gewähren. Er sprach sogar von einer „Pervertierung der Grundrechte".[126]

Die Entscheidungsgründe sind wegen ihrer textlichen Ausuferung selbst für interessierte Leser kaum zumutbar. Sie enthalten Ausführungen zum Argument der Kirchen, die Ladenöffnungszeiten veränderten generell den Charakter der Sonn- und Feiertage als Tage der Arbeitsruhe, aber auch der Besinnung und hätten religiöse Bedeutung für die Beschwerdeführer. Das BVerfG zitierte dazu eine Mehrzahl von Stellen aus dem Alten Testament,

---

125 S. *Korioth* in: Maunz/Dürig, GG, Art. 140/139 WRV, 282–284.
126 *C. D. Classen*, Religionsrecht, 2. A. 2015, 304 f. S. auch *C. D. Classen*, Anmerkung zu BVerfGE 125, 39 – Berliner Ladenöffnungsgesetz, JZ 2010, 144 ff.

was merkwürdig berührt. Der Hinweis auf die „religiös-christliche Tradition", in der die weltlich-soziale Funktion des Art. 139 WRV wurzle, bringt das Urteil ebenfalls in ein schiefes Licht, denn Tradition *allein* ist auch nach der bisherigen gefestigten Rechtsprechung des BVerfG niemals ein zulässiges Rechtsargument.

Bedrückend ist aus der Sicht des verfassungsrechtlich (zumindest theoretisch) zentralen *Neutralitätsgebots*, dass der „Hüter der Verfassung" nicht davor zurückgeschreckt ist, lediglich wegen eines *niederrangigen Wunsches* der Kirchen die bewährte Grundrechtsdogmatik und anerkannte verfassungsprozessuale Grundsätze im konkreten Fall beiseite zu schieben, um eine Sachprüfung vornehmen zu können. Leider hat die öffentliche Berichterstattung nicht im Ansatz erkannt, welchen Bärendienst die Senatsmehrheit der Rechtskultur geleistet hat, indem sie abermals Wünsche der Kirchen in Rechtsansprüche umwandelte.

BVerfG-K NJW 2011, 365, B. 28. 10. 2010 – 2 BvR 591/06 u.a.: Besonderes Kirchgeld[127] *(Nichtannahmebeschluss)*

Die Kammer hat entschieden, die Heranziehung zum Besonderen Kirchgeld bei glaubensverschiedener Ehe sei mit dem Grundgesetz vereinbar. Das Besondere Kirchgeld ist (grob gesprochen) eine spezielle Kirchensteuer für Kirchenmitglieder, deren Ehepartner keiner Kirche angehört bzw. keiner, die kirchensteuerpflichtig ist („glaubensverschiedene Ehe"). Muss das Kirchenmitglied mangels eigenen Einkommens selbst keine Kirchensteuer zahlen (*Alleinverdienerehe*), hat aufgrund seines gut verdienenden konfessionsfreien Partners aber doch einen höheren Lebensstandard und somit persönlich eine höhere wirtschaftliche Leistungsfähigkeit als ohne die Ehe, besteuert die Kirche mit dem Besonderen Kirchgeld den sogenannten „Lebensführungsaufwand" des einkommenslosen kirchenangehörigen Ehegatten. Grundlage für die Berechnung dieses Lebensführungsaufwandes ist das „gemeinsam zu versteuernde Einkommen" des Ehepaares, wobei mittelbar Geld vom meist kirchenfreien Partner abgeschöpft wird oder von einem, der keiner körperschaftlich organisierten bzw. Kirchensteuer erhebenden Religionsgemeinschaft angehört und somit auch nicht kirchensteuerpflichtig ist. Das Besondere Kirchgeld wurde von allen evan-

---

127 Eingehend zur Problematik: https://weltanschauungsrecht.de/meldung/2-stellun gnahme-gbs-zum-besonderen-kirchgeld.

gelischen Landeskirchen und einigen katholischen Diözesen auf sachlich nicht veranlassten Hinweis des BVerfG aus dem Jahr 1965 eingeführt.[128] Selbst innerkirchlich ist das Besondere Kirchgeld strittig geworden. Aufgrund eines Synodalbeschlusses der Evangelisch-Lutherischen Landeskirche in Bayern von 2018 wird mit Rückwirkung ab Januar 2018 kein Besonderes Kirchgeld mehr erhoben, weil die Akzeptanz aufgrund geänderter Verhältnisse bei vielen Kirchenmitgliedern mit nichtgläubigen Partnern gering sei und viele Rechtsstreitigkeiten geführt würden. Auch sei nicht ausgemacht, dass sich die Rechtsprechung nicht ändere.

Wörtlich führte die Kammer des 2. Senats im Jahr 2010 aus: „Die für die Entscheidung im Wesentlichen maßgeblichen verfassungsrechtlichen Fragen sind bereits durch die Rechtsprechung des Bundesverfassungsgerichts geklärt (vgl. insb. BVerfGE 19, 268; fernerhin etwa BVerfGE 19, 206; 19, 226; 19, 253; 20, 40; 30, 415; 73, 388; BVerfG, Beschluss der 2. Kammer des Zweiten Senats vom 19. August 2002 – 2 BvR 443/01 –, DVBl 2002, S. 1624) und durch die hieran anknüpfende Rechtsprechung der Fachgerichte verfassungsgemäß konkretisierend beantwortet. Insbesondere hat das Bundesverfassungsgericht hervorgehoben, dass zwar nicht das einkommensteuerrechtlich ermittelte Einkommen des nicht einer Kirche angehörenden Ehegatten, wohl aber der Lebensführungsaufwand des kirchenangehörigen Ehegatten den Gegenstand der Besteuerung bilden kann (vgl. BVerfGE 19, 268 [282]). Wenn angesichts der Schwierigkeiten der Bestimmung des Lebensführungsaufwandes als Indikator der wirtschaftlichen Leistungsfähigkeit des kirchenangehörigen Ehepartners dieser Aufwand nach dem gemeinsamen Einkommen der Ehegatten bemessen wird, ist hiergegen verfassungsrechtlich nichts einzuwenden (vgl. auch BFH, Urteil vom 19. Oktober 2005 – I R 76/04 –, BStBl II 2006, S. 274 [277] m. w. N.). Danach begegnen auch die angegriffenen Entscheidungen keinen verfassungsrechtlichen Bedenken.“

Kritik: Das BVerfG hat in seinem Beschluss dargelegt, dass insbesondere im Urteil von 1965 die im Wesentlichen maßgeblichen verfassungsrechtlichen Fragen der Heranziehung glaubensverschiedener Ehepaare zur Kirchensteuer sowie zum Besonderen Kirchgeld geklärt seien, „insbesondere“ auch im *Obiter Dictum* in BVerfGE 19, 268 (282). Demnach kann bei einer Alleinverdienerehe von dem einkommenslosen kirchenangehörigen Ehegatten ein Besonderes Kirchgeld erhoben werden. In Wirklichkeit sind aber keineswegs alle maßgeblichen Fragen geklärt.

---

128 BVerfGE 19, 268 (282): *Kirchensteuer bei glaubensverschiedener* Ehe.; s. dort näher.

Der Beschluss ist in sich widersprüchlich. Mit ihm wurden insgesamt sechs Verfassungsbeschwerden mit dem Hinweis auf die bereits erfolgte verfassungsrechtliche Klärung nicht zur Entscheidung angenommen. Drei der sechs Verfassungsbeschwerden betrafen indes die Fallkonstellation der Doppelverdienerehe. Die verfassungsrechtlichen Fragen hinsichtlich der Erhebung des Besonderen Kirchgeldes sind aber nur für die Alleinverdienerehe positiv „geklärt".

Im Falle der *Doppelverdienerehe* ist eine Erhebung des Besonderen Kirchgeldes nach der Rechtsprechung des BVerfG konsequenterweise nicht zulässig. Es liegt ein Verstoß gegen den Grundsatz der Individualbesteuerung und der Nichtbesteuerung von Nicht-Mitgliedern vor.[129]

Da das Besondere Kirchgeld nicht nur im Falle der Alleinverdienerehe, sondern auch der Doppelverdienerehe erhoben wird, unterstützt das Institut für Weltanschauungsrecht (ifw) einen entsprechenden Musterprozess vor dem Bundesverfassungsgericht.[130] In dieser Rechtssache hat der Kläger und Ehemann als Kirchenmitglied ein eigenes Einkommen, welches weit über dem Durchschnittseinkommen liegt. Eigentlich müsste der Ehemann deshalb nur die Kircheneinkommensteuer zahlen. Dennoch wird auch das Besondere Kirchgeld bei ihm berechnet. Die Kirche nimmt eine Vergleichsberechnung vor und der höhere Betrag wird festgesetzt. Das Besondere Kirchgeld ist in der Regel dann höher als die Kircheneinkommensteuer, wenn das Einkommen des nichtkirchlichen Ehepartners höher ist als das 1,5-Fache des Einkommens des kirchlichen Ehepartners. Damit wird hier das Einkommen der muslimischen Ehefrau, welche als erfolgreiche Unternehmerin aber deutlich mehr verdient als ihr Ehemann, entscheidend für die Kirchensteuer.

Es bleibt ferner eine offene Frage, wie es trotz Art. 136 III 1 WRV/140 GG juristisch gerechtfertigt werden soll, dass kirchliche Organe von Staats wegen *Kenntnis von den Einkommensverhältnissen eines Kirchenfremden* erhalten. Ohne diese wäre ja eine Berechnung des gestaffelten Kirchgelds unmöglich. Im Hinblick auf die Religionsfreiheit des nichtkirchlichen Partners ist auch die *Vollstreckung* des Besonderen Kirchgelds problematisch.[131] Schwer zu rechtfertigen ist die mittelbare Beanspruchung von Partnern,

---

129 Hierzu und zum Besonderen Kirchgeld insgesamt *V. Korndörfer/J. Neumann,* Das besondere Kirchgeld oder die Wiederbelebung der Haushaltsbesteuerung in: Neumann/Czermak/Merkel/Putzke (Hg.): Aktuelle Entwicklungen im Weltanschauungsrecht, 2019, 291 ff., insb. 311.

130 https://weltanschauungsrecht.de/meldung/warum-muslima-kirchensteuer-zahlt.

131 Kritisch zur Frage der Steuerhaftung *F. Hammer,* Rechtsfragen der Kirchensteuer, 2002, 332 f.

die ebenfalls einer Religionsgemeinschaft angehören, wenn diese nicht kirchensteuerberechtigt ist.

Zu denken sollte auch der Umstand geben, dass zum Zeitpunkt der hier erörterten Entscheidung ungeachtet der von den Betroffenen auf allen Ebenen erlittenen gerichtlichen Misserfolge eine große Zahl von Klägern immer wieder den Rechtsweg gesucht hat. Der Unmut über diese Art der Einnahmeerzielung der Kirchen und die Totalblockade der Rechtsprechung war und ist sehr groß. Die Kammer hätte die Fälle wegen ihrer Bedeutung, der rechtlichen Problematik und des Rechtsfriedens dem Senat vorlegen müssen.[132]

BVerfGE 137, 273 = NVwZ 2015, 517, B. 22. 10. 2014 – 2 BvR 661/12:
Loyalitätspflichten; Chefarztfall

Ein verheirateter katholischer Chefarzt eines katholischen Krankenhauses lebte mit einer neuen Lebensgefährtin zusammen, was dem Geschäftsführer spätestens seit Herbst 2006 bekannt war. Anfang 2008 wurde die Ehe geschieden, im August 2008 folgte die standesamtliche zweite Heirat. Das wurde dem Krankenhausträger im November 2008 bekannt. Daraufhin wurde dem Chefarzt gekündigt.

Die Kündigungsschutzklage war in allen Instanzen erfolgreich. Das Bundesarbeitsgericht hielt die Klage für sozial ungerechtfertigt. Ein leitend tätiger Mitarbeiter könne zwar nach den kirchlichen Vorgaben in so einem Fall grundsätzlich nicht mit einer Weiterbeschäftigung rechnen. Dem Kündigungsinteresse stünden jedoch drei Umstände entgegen: Nach der kirchlichen Grundordnung müsse das Lebenszeugnis ihrer leitenden Mitarbeiter nicht zwingend mit der katholischen Sittenlehre verknüpft werden, da es auch zulässig sei, nichtkatholische Personen mit leitenden Tätigkeiten zu betrauen. Ferner seien mehrfach auch katholische Chefärzte in besonderen Lebenslagen beschäftigt worden bzw. würden noch beschäftigt, obwohl sie als Geschiedene erneut geheiratet hätten. Auch habe man den der Wiederverheiratung gleichwertigen Verstoß des ehelosen Zusammenlebens des Klägers seit Herbst 2006 gekannt und hingenommen. Die Weiterbeschäftigung sei daher zumutbar, zumal sich der Kläger auf Art. 8

---

132 Vorschriften über die Befugnisse der Kammern in Verfassungsbeschwerdesachen: §§ 93 a ff. BVerfGG; zur Annahme wegen grundsätzlicher Bedeutung: § 93 II a BVerfGG.

und 12 der EMRK (Achtung des Privat- und Familienlebens, Recht auf Ehe) berufen könne.

Das BVerfG (2. Senat) ließ sich dadurch nicht beeindrucken. Noch fast 30 Jahre nach seiner schon seinerzeit vielfach heftig kritisierten und im Ergebnis verhängnisvollen Grundsatzentscheidung von 1985[133] bekräftigte es im Wesentlichen die damaligen Gründe. Auf die obigen Ausführungen zum Urteil von 1985 wird verwiesen.

Auch, dass der Europäische Gerichtshof für Menschenrechte (EGMR) die deutsche Praxis schon am 23. 9. 2010 beanstandet hatte, insbesondere im Fall des deutschen Kirchenmusikers Schüth[134], veranlasste das BVerfG nicht zu einer grundlegenden Änderung. Dabei wäre eine solche auch angesichts der Änderung der gesellschaftlichen Lage geboten gewesen. Bis zu 1,4 Millionen Menschen waren bzw. sind trotz Weltlichkeit der Arbeitsverhältnisse den teilweise als skandalös empfundenen rigiden Maßstäben der Kirchen ausgeliefert.[135] Diese werden auch von den Gläubigen zu einem erheblichen Umfang nicht mehr akzeptiert. Gerade die Fälle der Wiederheirat von Katholiken nach Scheidung waren zum Zeitpunkt der neuen Entscheidung innerkirchlich selbst bei den Geistlichen längst äußerst umstritten.[136] Hinzu kommt, dass es mit der „Glaubwürdigkeit des kirchlichen Zeugnisses" im Jahr 2014 schon wegen des Skandalons des sexuellen Missbrauchs noch schlechter bestellt war als zuvor.

Aufrechterhalten wurde in der neuen Entscheidung die Zweistufigkeit der Prüfung, zunächst nach rein amtskirchlichen Kriterien, sodann in einer arbeitsgerichtlichen Gesamtwürdigung nach Maßgabe des staatlichen Kündigungsschutzrechts. Das BVerfG betonte eigens erneut, das kirchliche Selbstverständnis müsse in der Schlussabwägung ein *besonderes* Gewicht erhalten. Es vermochte aber offenbar auch jetzt nicht zu sagen, nach welchen Kriterien das (nur behauptete) besondere Gewicht in die Gesamtab-

---

133 BVerfGE 70, 138: *Buchhalterfall*.
134 EGMR NZA 2011, 279, 23. 9. 2010, Az. 1620/03; vorangegangen BVerfG-K, B. 8. 7. 2002, Az. 2 BvR 1160/00 (Nichtannahme).
135 Vgl. die jahrelange Kampagne „Gegen religiöse Diskriminierung am Arbeitsplatz" (GerDiA), dazu *C. Gekeler*, Loyal dienen. Kirchliches Arbeitsrecht diskriminiert, 2012. S. dazu und zur Gesamtproblematik jetzt eindrucksvoll *I. Matthäus-Maier*, Über die lange Geschichte der Grundrechtsverletzungen durch das kirchliche Arbeitsrecht. Ein Plädoyer für rechtspolitische Reformen in: Neumann/Czermak/Merkel/Putzke (Hg.): Aktuelle Entwicklungen im Weltanschauungsrecht, 2019, 313–332.
136 Vgl. aus der Sicht eines Theologen: *W. Böckenförde* zur Divergenz zwischen normativem Geltungsanspruch und faktischer Geltung des katholischen Kirchenrechts in: Theologia Practica, 1992, 110 ff. (auch zur Wiederheirat).

wägung einzustellen sei. Es gibt auch keine solchen Kriterien. Somit bleiben auch künftig die Verfahrensaussichten nur schwer zu prognostizieren. Die erneut postulierte Zweistufigkeit der Prüfung überzeugt nicht. Mehr, als bei einer Gesamtwürdigung im Rahmen der Staatsgesetze sämtliche sinnvollen Aspekte aus Sicht der Arbeitgeber- und Arbeitnehmerseite zu berücksichtigen und richtig zu würdigen, kann kein Gericht. Zwar hat das BVerfG mit seinen Ausführungen zu Art. 6 GG tendenziell das Gewicht der Arbeitnehmer-Grundrechte gestärkt, aber keine konkreten Hinweise gegeben.

Zu den Einzelfragen der Glaubwürdigkeit, Unauflöslichkeit der katholischen Ehe u. a., aber auch zur verfassungsrechtlichen Grundlagenproblematik eines kirchlichen Sonderarbeitsrechts wird auf die obigen Ausführungen zum Urteil von 1985 verwiesen. Die weitere Entwicklung des Falles, insbesondere die auf Vorlage des BAG erfolgte Entscheidung des Europäischen Gerichtshofs (EuGH), ist im Zusammenhang dieser Untersuchung nicht von Bedeutung.[137] Mit Urteil vom 20. 2. 2019 hat das BAG – gestützt auf die Rechtsprechung des EuGH – die Kündigung des Chefarztes wiederum für unwirksam erklärt.[138]

BVerfGE 138, 296, B. 27. 1. 2015 – 1 BvR 471/10: Pauschales Kopftuchverbot für Lehrkräfte in öffentlichen Schulen unzulässig

Der 1. Senat hat in wesentlichen Punkten zu denselben Rechtsfragen anders entschieden als 2003 der 2. Senat. Der 1. Senat hat Zustimmung, aber auch starke Kritik erfahren, weil er grundsätzlich die Weltanschauungsfreiheit der islamischen Lehrerinnen stärker gewichtet hat als das Neutralitätsgebot.

Zur Vorgeschichte:

Im Fall Fereshta Ludin hatte der 2. Senat des BVerfG am 24. 9. 2003 entschieden[139], ein Verbot für Lehrkräfte, in Schule und Unterricht ein islamisches Kopftuch zu tragen, finde im geltenden Landesrecht von Baden-Württemberg keine hinreichend bestimmte gesetzliche

---

137 Dazu aber *T. Müller-Heidelberg*, EuGH sorgt für Zeitenwende im kirchlichen Arbeitsrecht in: Neumann/Czermak/Merkel/Putzke (Hg.), Aktuelle Entwicklungen im Weltanschauungsrecht, 2019, 333–343.

138 BAG NJW 2019, 3172, U. 20. 2. 2019 – 2 AZR 746/14; vgl. hierzu *L. Jacobs*, Willkommen im Grundgesetz, liebe Kirche!, ZEIT Online v. 20. 2. 2019.

139 BVerfGE 108, 282 – 2 BvR 1436/02: *Islamisches Kopftuch I*, 2. Senat.

Grundlage. Der gesellschaftliche Wandel könne für den Gesetzgeber aber Anlass zu einer Neubestimmung des zulässigen Ausmaßes religiöser Bezüge in der Schule sein. Der Senat stellte auch klar, dass eine Lehramtsbewerberin, die im Unterricht aus persönlichen religiösen Gründen ein Kopftuch tragen wolle, nicht allein deshalb schon persönlich ungeeignet sei.

Im Streitfall hatten sämtliche Behörden und Gerichte aufgrund der nachgewiesenen fachlichen Befähigung und der sonstigen beamtenrechtlichen Eignungsprüfung keinerlei Anlass, an der Rechts- und Verfassungstreue der Lehramtsbewerberin zu zweifeln, zumal diese im jahrelangen Schulbetrieb unbeanstandet geblieben war und problemlos ein Kopftuch getragen hatte. Das BVerwG hatte in der Vorentscheidung das Kopftuch mit strenger Betonung der beamtenrechtlichen Neutralität abgelehnt.[140]

In den Gründen ging der 2. Senat entsprechend der so gut wie allgemeinen Rechtsansicht davon aus, dass Lehrer auch bei Ausübung ihres Amtes den Status eines Grundrechtsträgers nicht gänzlich verloren haben. Damit stellte sich mangels gesetzlicher Regelung der Bekleidungsfrage die kollisionsrechtliche Frage der Bedeutung des Kopftuchs im Hinblick auf die Neutralitätsproblematik (Art. 33 II, III und 4 I, II GG). Das BVerfG vertrat die Ansicht, das islamische Kopftuch habe eine nur unbestimmte symbolische Bedeutung und werde aus verschiedenen Motiven getragen. Es bestehe aber die *abstrakte Gefahr*, dass das Kopftuch dennoch einen *unerwünschten religiösen Einfluss* ausübe. Das durch ein generelles Kopftuchverbot zu verhindern, bedürfe aber einer landesgesetzlichen Regelung. Ggf. dürfe auch ein generelles Verbot ausgesprochen werden. Das dabei geltende *strikte* Gebot der Gleichbehandlung aller religiösen Richtungen wurde besonders betont. Die Senatsmehrheit sah einen entscheidenden Unterschied zwischen einem vom Staat angebrachten Kreuzsymbol und einer von einer Lehrerin aus religiösen Gründen getragenen Kopfbedeckung. Diese sei dem Staat nicht ohne weiteres zuzurechnen.

Das Sondervotum dreier Richter verneinte demgegenüber einen Gesetzesvorbehalt und betonte mit deutlichen Worten die Neutralität und die funktionelle Begrenzung des Grundrechtsschutzes der Beamten.

Die auf das Urteil folgende selten heftige Diskussion hat Gesellschaft und Juristen gespalten. Gegner des islamischen Kopftuchs vermochten in diesem *ausschließlich* ein Symbol des Islamismus und der Frauenun-

---

140 BVerwGE 116, 359, 4. 7. 2002, Az. 2 C 21/01: *Islamisches Kopftuch.*

terdrückung zu sehen. Insgesamt wurde der religiös-weltanschaulichen Neutralität ein zumindest beachtlicher Stellenwert beigemessen. Bei den darauf nach und nach folgenden schulrechtlichen Gesetzesänderungen mit Verboten war das – bis auf Berlin – nicht mehr der Fall. Sie waren meist sehr unklar und bevorzugten, trotz des unübersehbaren strikten Gebots der Gleichbehandlung durch das BVerfG, ausdrücklich oder indirekt das Christentum.[141]

Ein *unerwarteter Paukenschlag* war es dann, als nunmehr der 1. Senat die juristisch nicht unumstrittenen, aber in allen wesentlichen Punkten zumindest widerspruchsfreien und akzeptablen Positionen des 2. Senats 12 Jahre später entscheidend veränderte. Dabei hatten weder die juristische, noch die gesellschaftliche Lage das nahegelegt. Gravierend und unverständlich war zudem, dass der 1. Senat aufgrund seiner im Grundsätzlichen anderen Position nicht gemäß § 16 des Bundesverfassungsgerichtsgesetzes das Plenum des BVerfG angerufen hat, um eine einheitliche Rechtsprechung zu erreichen. Das hat zur Folge, dass jetzt wegen zweier formal gleichbedeutender, aber sich widersprechender Entscheidungen rechtlich keine Bindungswirkung und weitgehende Unklarheit besteht. Tendenziell hat leider die neuere Entscheidung bisher das praktisch höhere Gewicht erhalten.

In der 2. Kopftuchentscheidung ging es um eine angestellte Lehrerin und eine angestellte Sozialpädagogin, denen man das Kopftuchtragen un-

---

141 Am Beginn stand die Neufassung des § 138 des Schulgesetzes für Ba-Wü vom 1. 4. 2004: „Lehrkräfte an öffentlichen Schulen nach § 2 I dürfen in der Schule keine politischen, religiösen, weltanschaulichen oder ähnliche äußeren Bekundungen abgeben, die geeignet sind, die Neutralität des Landes gegenüber Schülern und Eltern oder den politischen, religiösen oder weltanschaulichen Schulfrieden zu gefährden oder zu stören. Insbesondere ist ein äußeres Verhalten unzulässig, welches bei Schülern oder Eltern den Eindruck hervorrufen kann, dass eine Lehrkraft gegen die Menschenwürde, die Gleichberechtigung der Menschen nach Artikel 3 des Grundgesetzes, die Freiheitsgrundrechte oder die freiheitlich-demokratische Grundordnung auftritt. Die Wahrnehmung des Erziehungsauftrags nach Artikel 12 I, Artikel 15 I und Artikel 16 I der Verfassung des Landes Baden-Württemberg und die entsprechende Darstellung christlicher und abendländischer Bildungs- und Kulturwerte oder Traditionen widerspricht nicht dem Verhaltensgebot nach Satz 1. Das religiöse Neutralitätsgebot des Satzes 1 gilt nicht im Religionsunterricht nach Artikel 18 Satz 1 der Verfassung des Landes Baden-Württemberg." Ähnlich sind insb. die Neuregelungen in Bayern und Nordrhein-Westfalen. – Das BVerwG hat die Neuregelung in Ba-Wü zwar in BVerwGE 121, 140 mit der Behauptung, eine verfassungskonforme Auslegung vorzunehmen, formal noch gehalten. Es hat aber den Begriff des Christlichen vom Glauben gelöst, weil eine Bevorzugung der christlichen Konfession unzulässig sei.

ter Bezugnahme auf die nach 2003 ergangene *Änderung des Schulgesetzes von NRW* verboten hatte. § 57 IV 1 des Gesetzes lautete: „Lehrerinnen und Lehrer dürfen in der Schule keine politischen, religiösen, weltanschaulichen oder ähnliche äußere Bekundungen abgeben, die geeignet sind, die Neutralität des Landes gegenüber Schülerinnen und Schülern sowie Eltern oder den politischen, religiösen oder weltanschaulichen Schulfrieden zu gefährden oder zu stören." Den Satz 3 dieses Absatzes, wonach die Wahrnehmung des Erziehungsauftrags der Verfassung des Landes Nordrhein-Westfalen und die entsprechende *Darstellung christlicher und abendländischer Bildungs- und Kulturwerte oder Traditionen* („christliche Bildungs- und Kulturwerte" als Grundlage) nicht dem Verhaltensgebot nach Satz 1 widerspricht, erklärte das BVerfG zu Recht wegen Verstoßes gegen Art. 3 III 1 und 33 III GG für nichtig.

Der 1. Senat bewertete das Verbot eines islamischen Kopftuchs, das *in Erfüllung eines religiösen Gebots* getragen werde, als *schwerwiegenden Eingriff*, was für die Verfahren plausibel dargelegt worden sei. Als entgegenstehende Verfassungsgüter kämen zwar die Pflicht zu weltanschaulich-religiöser Neutralität, das elterliche Erziehungsrecht (Art. 6 II GG) und die negative Glaubensfreiheit der Schüler (Art. 4 I GG) in Betracht. Aber keiner dieser verfassungsrechtlich verankerten Positionen komme ein solches Gewicht zu, dass bereits die *abstrakte* Gefahr ihrer Beeinträchtigung ein Verbot zu rechtfertigen vermöge. Auch die Pflicht zur Wahrung der weltanschaulich-religiösen Neutralität stehe der Betätigung der positiven Glaubensfreiheit der Pädagoginnen durch das Tragen eines islamischen Kopftuchs nicht generell entgegen, wenn deren Verhalten auf ein *als imperativ verstandenes Glaubensgebot* zurückgeht und *keine Glaubensbeeinflussung* erfolgt. Ein Verbot sei erst dann zu rechtfertigen, wenn eine hinreichend konkrete Gefahr für den zur Erfüllung des Erziehungsauftrags notwendigen Schulfrieden oder die staatliche Neutralität feststellbar sei. Ansonsten gebiete Art. 4 I, II GG, den *Raum für die aktive Betätigung der Glaubensüberzeugung* und die Verwirklichung der autonomen Persönlichkeit auf weltanschaulich-religiösem Gebiet zu sichern. Eine *hinreichend konkrete Gefährdung* oder Störung des Schulfriedens oder der staatlichen Neutralität sei etwa in einer Situation denkbar, in der – insbesondere von älteren Schülern oder Eltern – über die Frage des richtigen religiösen Verhaltens sehr kontroverse Positionen mit Nachdruck vertreten und in einer Weise in die Schule hineingetragen würden, welche die *schulischen Abläufe und die Erfüllung des staatlichen Erziehungsauftrags ernsthaft beeinträchtigen*, sofern die Sichtbarkeit religiöser Überzeugungen und Bekleidungspraktiken diesen Konflikt erzeugt habe oder schüre. Im Übrigen gelte das *Gebot strikter Gleichbehandlung der verschiedenen Glaubensrichtungen.* Auch landesrechtlich lasse sich eine Bevorzugung christlich und jüdisch verankerter religiöser Bekundungen nicht begründen.

Die mit zwei Gegenstimmen ergangene Entscheidung hat zu Recht großes Aufsehen erregt und wurde auch sehr kontrovers diskutiert. Der Beschluss weicht nämlich in der Neutralitätsproblematik, einer tragenden Säule der Begründung, erheblich von der Entscheidung des 2. Senats aus dem Jahr 2003 ab (s. oben). Auch stand das Selbstverständnis des säkularen, freiheitlichen und demokratischen Rechtsstaats zur Debatte, weshalb eine *Plenarentscheidung* so wichtig gewesen wäre.

Dem 1. Senat war wohl daran gelegen, die Integration „der Muslime" durch Stärkung des Faktors Religion zu verbessern. Das entsprach auch dem Anliegen der herrschenden Politik, die insbesondere seit 2010[142] alles daran setzt, den staatlichen islamischen Religionsunterricht und die dazugehörige Lehrerausbildung auf breiter Ebene zu etablieren, und zwar ungeachtet aller organisationsrechtlichen und inhaltlichen verfassungsrechtlichen Hürden[143] und trotz der teilweise erheblichen Differenzen zwischen den wichtigeren islamischen Verbänden. Ob das aber einer wohlverstandenen Integration der Menschen aus dem islamischen Kulturkreis wirklich dient, ist zu bezweifeln (s. unten). So hatte der Verband Bildung und Erziehung e. V. von NRW mit weit über 20.000 Lehrern und anderen Pädagogen im Rahmen des Verfassungsbeschwerdeverfahrens kritisch gegen das Kopftuch Stellung genommen. Der Staat müsse in diesem Bereich strikte Neutralität wahren. Aus der praktischen Erfahrung wisse man, dass das Kopftuch einer Lehrerin bei Schülern und deren Eltern oft ablehnende Reaktionen hervorrufe.

Unverständlicherweise hat sich die Senatsmehrheit weder damit, noch mit der stärkeren Gewichtung der dienstlichen Neutralität in der Entscheidung von 2003 auseinandergesetzt. Im Gegensatz zur sonst stets betonten Gestaltungsfreiheit der Länder im Schulwesen hat man den Ländern jetzt eine im Grundsatz *pauschale Begünstigung der religiösen Lehrerkleidung aufgezwungen,* die nicht berücksichtigt, wie unterschiedlich die Verhältnisse in

---

142 2010 gab der Wissenschaftsrat „Empfehlungen zur Weiterentwicklung von Theologien und religionsbezogenen Wissenschaften an deutschen Hochschulen" heraus, denen zugunsten des Islam trotz kaum überwindbarer Rechtsprobleme ungewöhnlich rasch und großzügig Taten folgten.

143 *Czermak/Hilgendorf* 2018, 187–189 und 244 f.; aus der sonstigen Literatur: *H. M. Heinig,* Islamische Theologie an staatlichen Hochschulen in Deutschland, Zev-KR 2011, 238 ff.; *H. Jochum,* Islam in der staatlichen Schule in: Haratsch/Janz u. a. (Hg.), Religion und Weltanschauung im neutralen Staat, 2001, 101–125.

einzelnen Landesteilen und an einzelnen Schulen sein können. 2003 hatte man die damalige Entscheidung überwiegend gerade deswegen heftig angegriffen, weil man die problematische Zulässigkeit der Präsentation eines religiösen Kleidungsstücks überhaupt ermöglichte.

Die jetzige Entscheidung bewertet die Religionsfreiheit allzu stark und das Neutralitätsgebot gering. Dabei ist das Gebot der weltanschaulich-religiösen Neutralität seit der vielzitierten Entscheidung des BVerfG zur Badischen Kirchenbausteuer von 1965[144] (s. nähere Erläuterungen oben Kap. 4) ein anerkanntes staatstragendes Verfassungsgebot. Im Beamten- bzw. Dienstrecht hat man ihm daher stets besondere Bedeutung beigemessen, was bei der 1. Kopftuchentscheidung wenigstens in abgeschwächter Form noch der Fall war. Jetzt hat man die Religionsfreiheit der Lehrerin trotz der gesellschaftlichen und verfassungsrechtlichen Problematik des auch in Deutschland weit überwiegenden orthodoxen Islam generell höher gewertet als das staatstragende Neutralitätsgebot[145], als ob die Religionsfreiheit im pluralistischen Staat ein besonderes Moment der gesellschaftlichen *Gesamtintegration* sein könnte.

Die persönliche *Religionsfreiheit der Lehrer* hat keineswegs die ihr vom 1. Senat zugemessene Bedeutung. Lehrergrundrechte sind *von vorneherein überlagert durch die zwingenden Erfordernisse der Amtsausübung und des Schulfriedens.* Denn die Schule ist für Lehrer, auch wenn sie nicht Beamte, sondern Angestellte sind, nicht *vorrangig* ein Ort der Glaubensausübung, sondern der Wahrnehmung dienstlicher Pflichten (vgl. Art. 33 V GG). Persönliche religiös-weltanschauliche Überzeugungen gänzlich unterdrücken zu müssen, wird von Lehrern ohnehin nicht verlangt, schon weil das mit der Besonderheit glaubwürdiger pädagogischer Autorität unvereinbar wäre. Dass Lehrer diese Überzeugungen zusätzlich i. d. R. auch optisch demonstrieren dürfen, leuchtet nicht ein. Symbole einer politischen Partei werden ja auch keinesfalls geduldet. Zur These des 1. Senats vom regelmäßig größeren Gewicht der Religionsfreiheit gegenüber dem Neutralitätsgebot und der Maßgeblichkeit *konkreter* Störungen erklärt Horst Dreier pikanterweise: „… das hieße im Klartext: Je heftiger der Widerspruch Dritter ausfällt, desto geringer die Religionsfreiheit!"[146]

Anzunehmen, das islamische Kopftuch sei nicht geeignet, selbst junge muslimische Schüler(innen) zu beeinflussen, erscheint wegen der Amtsautorität und allgemeinen Vorbildfunktion der Lehrerinnen weltfremd. Das

---

144 BVerfGE 19, 206 (216): *Badische Kirchenbausteuer.*
145 Zum Neutralitätsgebot Kap. 7 am Ende.
146 *H. Dreier*, Staat ohne Gott, 2018, 139.

gilt besonders bei orthodox-islamischer häuslicher Erziehung der Schüler, die durch das Lehrerinnen-Kopftuch noch verstärkt würde. Im Sinn der Erziehung zu autonomen Persönlichkeiten ist das nicht. Natürlich gilt in der Schule die für andere Überzeugungen offene staatliche Neutralität. Daher können sich Schüler im Rahmen des Unterrichts bis zur Grenze der Beeinträchtigung des Schulfriedens auch hinsichtlich ihrer Kleidung zu einer Religion bekennen. Das bedeutet auch Einübung in die bürgerliche Tugend der religiösen Toleranz. Lehrer hingegen sind als Amtspersonen zur weltanschaulich-religiösen Neutralität verpflichtet, ebenso wie sie auch nicht Symbole einer politischen Partei tragen dürfen. Der Gedanke, der Staat dürfe zur vorsorglichen Konfliktvermeidung auch generell religiöse Lehrerkleidung untersagen, ist dem 1. Senat offenbar trotz des religionsverfassungsrechtlichen Zentralgebots der Neutralität gegenüber den persönlichen weltanschaulichen Interessen der Amtsträger nicht wichtig genug.

Zur verfassungsrechtlichen Fehlbeurteilung kommt noch ein *praktisches Argument*. Immerhin erlaubt der Senat den islamischen Lehrerinnen das Kopftuch nur dann, wenn es aus der religiösen Sicht der Trägerin nach ihrer persönlichen Überzeugung *zwingend notwendig* ist. Muslimas müssen laut BVerfG daher plausibel darlegen können, dass es sich nach ihrem Selbstverständnis „um ein imperatives religiöses Bedeckungsgebot in der Öffentlichkeit handelt, das zudem nachvollziehbar ihre persönliche Identität berührt (Art. 2 I i. V. m. Art. 1 I GG), so dass ein Verbot dieser Bedeckung im Schuldienst für sie sogar den Zugang zum Beruf verstellen kann (Art. 12 I GG)." Das bedeutet, dass jede Kopftuchträgerin zu einer genauen *Überzeugungsprüfung* genötigt werden müsste. Gerade das dürfte von beiden Teilen meist als unzumutbar empfunden werden. Auch wird eine Kopftuchträgerin ehrlicherweise oft nicht angeben können, zu welchem Grad sie das religiöse Gebot als verbindlich betrachtet. Es wird nicht schwer sein, zu behaupten, das Gebot sei „imperativ", ggf. mit Hilfe eines passenden muslimischen Gutachters. Es wird daher anzunehmen sein, dass im Regelfall keine oder keine genaue Prüfung der Behauptung eines strikten Glaubensgebots durchgeführt wird.

Ein großes weiteres praktisches Problem besteht darin, von Fall zu Fall festzustellen, wann unter den konkreten Verhältnissen einer Schule die Grenze zu einer „konkreten Gefährdung" des Schulfriedens überschritten wird. Das ist laut Gericht erst nach Eintritt einer „ernsthaften Beeinträchtigung" der Fall. Realistisch dürfte die Annahme sein, dass man im Regelfall das Kopftuchtragen akzeptiert und auch beim Auftreten von Störungen erst dann einschreitet, wenn das als absolut unvermeidlich erscheint. Fordert doch das BVerfG, jedes Einzelfallverbot sei zu belegen und zu begründen. Darüber kann trefflich gestritten werden.

Gegen die vom Gericht gestellten Anforderungen an das Kopftuchverbot sprechen aber nicht nur die schulpraktischen Konsequenzen.[147] Vielmehr ist schon der Ausgangspunkt des Gerichts, das Verbot des Kopftuchtragens sei ein *schwerer* Grundrechtseingriff, verfehlt. Die Glaubensfreiheit von Lehrern ist, wie gesagt, von der Neutralitätspflicht überlagert. Auch eine konsequente Kopftuchträgerin muss berücksichtigen, dass der Eingriff auf die Zeit der beruflichen Tätigkeit in der Schule begrenzt und aus der Sicht des Staats und der andersdenkenden Schüler und Eltern gut begründet ist. Je mehr hingegen eine Lehrerin trotz Kritik auf dem Kopftuch besteht, desto eher kann sie Zweifel an der Neutralität des Unterrichts wecken. Das wird unterstrichen durch die Überlegung, dass eine sehr deutliche Mehrheit der deutsch-muslimischen Lehramtsstudenten die Evolutionslehre im Wesentlichen ablehnt (Stand 2009), was wesentlich auf dem orthodox-islamischen Glauben beruht.[148] Nicht einmal mit der Tatsache der Abstammung des Menschen aus affenartigen Vorfahren vermochte man sich anzufreunden. Das kann man mit Michael Schmidt-Salomon als Lackmustest für die Rationalität bzw. Irrationalität künftiger Lehrer bezeichnen.

Ein islamisches Kopftuch muss zwar nicht stets einen religiösen Einfluss ausüben, kann es aber. Dies gilt vor allem bei muslimischen Schülern, die ja, wenn religiös, überwiegend aus einem orthodox-islamischen Elternhaus stammen. Sie würden in dieser – aus Sicht des GG problematischen[149] – Einstellung durch kopftuchtragende Lehrerinnen bestärkt.[150] Gleichzeitig haben Schülerinnen aus liberal-muslimischen Familien einen schwierigeren Stand. Der Beschluss ist also der Gesamtintegration im Allgemeinen nicht förderlich, sondern hinderlich.

---

147 Vgl. *R. Schwanitz*, Kopftuchverbote für Schülerinnen – zulässig und geboten, in: Neumann/Czermak/Merkel/Putzke (Hg.), Entwicklungen im Weltanschauungsrecht, 2019, 205 (211): die Praktikabilität des 2. Kopftuch-Urteils gehe „gegen Null".

148 https://fowid.de/meldung/akzeptanz-evolution-verschiedener-lehramtsstudierendengruppen-deutschland-und-tuerkei (Abruf 14. 11. 2020).

149 Da geht es um die Gewaltfrage, die Toleranz gegenüber anderen Religionen und Sitten, die Frauendiskriminierung, die Anerkennung subjektiver säkularer Grundrechte, Körperstrafen und Todesstrafe beim Glaubensabfall. Dazu knapp *Czermak/Hilgendorf* 2018, 129 f. und 188 f.

150 Dies auch dann, wenn bei der Kopftuchträgerin andere Motive im Vordergrund stehen.

Bleibt festzuhalten: Die Entscheidung ist trotz ihres ausufernden Umfangs zu wenig durchdacht und schwächt das Neutralitätsgebot erheblich. Die rechtsdogmatischen Schwächen werden ergänzt durch fehlende praktische Umsetzbarkeit. Der Integration im Sinn des GG dient sie nicht. Erfreulich ist lediglich die erneute unmissverständlich strikte Gleichsetzung aller religiös-weltanschaulichen Richtungen. Ein Problem ergibt sich dabei aus dem Gedanken, dass religiös-weltanschauliche Richtungen mit deutlichen Bekleidungsmerkmalen erheblich im Vorteil sind gegenüber den meisten anderen. Ob bzw. inwieweit die Schwächung des Neutralitätsgebots durch vereinzelte entsprechende Versuche der Rechtslehre verursacht sind,[151] lässt sich den hierzu fehlenden Ausführungen der Entscheidungsgründe nicht entnehmen.

Die Länder sind wegen der *Gleichrangigkeit gegensätzlicher Entscheidungen* der beiden Senate des BVerfG derzeit an keine der beiden Entscheidungen gebunden. Die Länder sollten ihre einschlägigen Gesetze gründlich nach Klarheit, Widerspruchsfreiheit und hinsichtlich ihrer Auswirkungen überprüfen. Ein generelles Verbot religiöser Kleidung von öffentlichen Bediensteten wäre wohl in der Regel die beste Lösung. Sie hat in Berlin seit langem und jedenfalls derzeit noch Bestand.[152] Sinnvoll könnten auch differenzierende Regelungen sein, die für einzelne Schulen oder Regionen angemessener sind.

BVerfG NJW 2017, 381, B. 18. 10. 2016 – 1 BvR 354/11: Kein generelles Kopftuchverbot in Kitas (stattgebender Kammer-Beschluss)

Diese Entscheidung einer Kammer des 1. Senats ist erkennbar eine Folge der soeben abgehandelten die Schule betreffenden Kopftuchentscheidung. Sie erging zugunsten der in allen drei arbeitsgerichtlichen Instanzen erfolglosen Klage einer islamischen Kindergarten-Erzieherin in einer kommunalen Kindertagesstätte. In Art. 6 I des einschlägigen baden-württembergischen Kindertagesbetreuungsgesetzes heißt es u. a., Betreuungs- und Erziehungspersonen dürften „keine politischen, religiösen, weltanschaulichen oder ähnliche äußeren Bekundungen abgeben, die geeignet sind, die

---

151 Zu Recht sehr kritisch dazu *H. Dreier*, Staat ohne Gott, 2018, 112–135.

152 Dazu näher https://weltanschauungsrecht.de/meldung/gutachten-berliner-neutralitaetsgesetz-verfassungskonform sowie http://pro.neutralitaetsgesetz.de/berliner-neutralitaetsgesetz-nicht-verfassungswidrig-rechtsgutachterliche-stellungnahme-von-dr-gerhard-czermak.

Neutralität des Trägers gegenüber Kindern und Eltern oder den politischen, religiösen oder weltanschaulichen Frieden in Einrichtungen, auf die dieser Absatz Anwendung findet, zu gefährden oder zu stören." Satz 3 des Gesetzes lautet: „Die Wahrnehmung des Auftrags nach Artikel 12 I der Verfassung des Landes Baden-Württemberg zur Erziehung der Jugend im Geiste der christlichen Nächstenliebe und zur Brüderlichkeit aller Menschen und die entsprechende Darstellung derartiger Traditionen widerspricht nicht dem Verhaltensgebot nach Satz 1."

In den Gründen wurde verwiesen auf die Entscheidung BVerfGE 138, 296 betreffend Schulen. Bemerkenswert ist das Fehlen einer Kritik an der gesetzlichen Privilegierung christlicher Traditionen. Solche Privilegierung war gerade auch in der o. g. Entscheidung des eigenen Senats strikt untersagt.

BVerfG-K NVwZ 2018, 156, B. 8. 9. 2017 – 1 BvR 984/17: Staatliche katholische Bekenntnisschule (Nichtannahmebeschluss)

Der Nichtannahmebeschluss verweigert Muslimen den Besuch einer örtlichen Bekenntnisschule, weil sie die Voraussetzungen bezüglich des Religionsunterrichts und Gottesdienstbesuchs nicht erfüllen wollten und in 3,3 km eine Gemeinschaftsschule bestehe. Der Beschluss verweist auf den großen Ermessensspielraum der Länder bezüglich der Schularten gem. Art. 7 V GG. Die Glaubensfreiheit spielte keinerlei Rolle. Der Beschluss spiegelt in etwa den Diskussionsstand der 1950er und 1960er Jahre wider. Man wollte offenbar nicht die merkwürdige Schulsituation in NRW hinterfragen. Sie ist gekennzeichnet durch eine häufige Dominanz von Konfessionsschulen, was wegen örtlich fehlender akzeptabler Alternative nicht selten zu weltanschaulichem Zwang führt.[153] Am Beschluss wirkten zwei besonders kirchlich orientierte Richter mit.

---

153 Zur Bekenntnisschulproblematik in NRW *Czermak/Hilgendorf* 2018, 157 mit Nachweisen und ausführlich *G. Czermak* in: https://weltanschauungsrecht.de/be kenntnisschulen.

BVerfG NJW 2020, 1049, B. 14. 1. 2020 – 2 BvR 1333/17: Kopftuchverbot für Rechtsreferendarinnen verfassungsgemäß

BVerfG NStZ-RR 2020, 104, U. 26. 2. 2020 – 2 BvR 2347/15 u.a.: Ärztlich assistierter Suizid

Diese beiden besonders wichtigen Senatsentscheidungen aus dem Jahr 2020 schließen chronologisch an die oben kommentierten Entscheidungen an. Sie passen aber nicht zu den in der Auflistung kritisch kommentierten Entscheidungen, die insgesamt das Bild einer erheblichen Schieflage der Rechtsprechung zum Religions- und Weltanschauungsrecht ergeben. Sie werden daher in einem eigenen Abschnitt erörtert.

7. Wichtige Fallgruppen – Zusammenfassung

Die obige Auswahl problematischer religiös-weltanschaulicher Entscheidungen des BVerfG, hauptsächlich Senatsentscheidungen, ist chronologisch geordnet. Sie soll ergänzt werden durch eine zumindest grobe strukturierende Zusammenfassung. Herausgehoben werden dabei Entscheidungen, die juristisch bzw. gesellschaftlich von Bedeutung sind.

Das 1951 gegründete BVerfG hatte in den ersten Jahren mit religionsrechtlichen Verfahren nichts zu tun. Aber zum Abschluss des KPD-Verfahrens, das von 1951 bis 1956 vom 1. Senat mit teilweise bedenklichen Mitteln und als große Schlacht gegen den Kommunismus geführt wurde,[154] hieß es in den Urteilsgründen auch, die Geistesfreiheit sei ein systemprägendes Moment des GG. Der Mensch sei mit der Fähigkeit zu „eigenverantwortlicher Lebensgestaltung" ausgestattet, eine „möglichst weitgehende Entfaltung seiner Persönlichkeit" müsse gesichert werden. Hierzu sei die Gleichbehandlung aller ein für die freiheitliche Demokratie „selbstverständliches Postulat". Leider hat sich das BVerfG in den folgenden Jahrzehnten oft nicht an dieses Postulat gehalten.

Besonders bedeutungsvoll sind in seiner Rechtsprechung zu weltanschaulichen Fragen die Fallgruppen Schule, Kirchensteuerrecht, Arbeitsrecht in kirchlichen Sozialeinrichtungen, Religionsförderung und generell religiös-weltanschauliche Neutralität.

a) Schulfragen[155]

aa) An das eigene Postulat der Gleichbehandlung hat sich der 2. Senat im bekannten *Konkordatsurteil* von 1957[156] leider nicht erinnert. Er hat nicht

---

154 BVerfGE 5, 85: *KPD-Urteil*; dazu sehr kritisch, dokumentarisch und eingehend *T. Darnstädt*, Verschlusssache Karlsruhe, 2018, 33–89 („längstes und wirrstes Urteil").

155 Dazu die eingehende zusammenfassende Darstellung von *G. Czermak*, Öffentliche Schule, Religion und Weltanschauung in Geschichte und Gegenwart der Bundesrepublik Deutschland. Eine Rückschau unter dem Aspekt der individuellen Religionsfreiheit und Neutralität in: Muckel (Hg.), Kirche und Religion im sozialen Rechtsstaat, Rüfner-FS, 2003, 79–109.

156 BVerfGE 6, 309: *Konkordatsurteil*; dazu näher in Abschnitt 4 eingangs.

nur überflüssigerweise extrem ausufernde Überlegungen zur Rechtslage Deutschlands angestellt, sondern zusätzlich ohne Zusammenhang mit den entscheidungserheblichen Gründen orientierende Hinweise zur Ausgestaltung von schulrechtlichen Landesgesetzen gegeben. Das war zwar grundsätzlich thematisch sinnvoll, aber doch nicht so, dass die grundrechtliche Problematik des Art. 4 I, II GG in Bezug auf religiös-weltanschauliche Minderheiten einfach ignoriert werden durfte. Die weltanschauliche Gestaltung des Schulwesens wurde der Willkür des Gesetzgebers überlassen.[157] Das hat erheblich zum Fortbestand der Bekenntnisschulen, im Wesentlichen bis zur Mitte der 1960er Jahre, beigetragen und wirkt noch heute in der teilweise monopolartigen Existenz zahlreicher staatlicher Konfessionsschulen in Nordrhein-Westfalen und teilweise Niedersachsen nach.

bb) Schulrechtliche Fragen waren in der Geschichte des BVerfG auch später und bis heute, nicht zuletzt für die Schulpraxis, von großer Bedeutung. Zu nennen sind insbesondere die Urteile von 1975 zu den sogenannten *christlichen Gemeinschaftsschulen*, besonders in Baden-Württemberg und Bayern.[158] Erfreulicherweise wurde den Bedürfnissen der jetzt häufigeren weltanschaulichen Minderheiten Rechnung getragen, indem ein glaubensmäßig-christlicher Unterricht untersagt wurde. Hinsichtlich der nichtchristlichen Minderheiten sei deren Anspruch auf Verwirklichung der autonomen Persönlichkeit wegen Art. 4 GG zu beachten. Jegliche Missionierung wurde untersagt, nichtreligiöse Lehrer dürften nicht benachteiligt werden.

Sieht man jedoch genau hin, so sind die beiden Entscheidungen – zusammengelesen – kein juristisches Meisterstück, da widersprüchlich und unklar. Trotz Missionsverbots ist nach BVerfG in den profanen Fächern von einer zulässigen Bejahung des Christentums hinsichtlich seiner Anerkennung als prägender Kultur- und Bildungsfaktor auszugehen, dies aber nur „in erster Linie". Das lässt vieles offen. Wenn davon die Rede ist, zum Christentum als Kulturfaktor gehöre auch der Toleranzgedanke, so ist das in dieser pauschalen Aussage erstens historisch schlicht falsch[159] und zweitens ist mit Toleranz eine Verhaltensweise gemeint, die trotz einer be-

---

157 Das gesellschaftlich-politische Umfeld war geprägt durch den Klerikalismus der Adenauer-Ära, s. *T. Ellwein*, Klerikalismus in der deutschen Politik, 1955; *T. Gauly*, Katholiken. Machtanspruch und Machtverlust, 1991, 127–178.

158 BVerfGE 41, 29 und 41, 65: *Christliche Gemeinschaftsschulen* in Ba-Wü und Bayern.

159 *G. Czermak* Art. Toleranz in: https://weltanschauungsrecht.de/toleranz m. w. N. und zeitlos *M. Honecker*, Art. Toleranz in: Evangelisches Staatslexikon Bd. 2, 3. A. 1987, Sp. 3621–2630; *H. Lutz* (Hrsg.), Zur Geschichte der Toleranz und Reli-

stimmten Überzeugungsbasis anders (also unrichtig) begründete Überzeugungen und Handlungen sanktionslos hinnimmt. Toleranz in diesem Sinn ist also eine Duldung auf einer niedrigeren Stufe, die eine formale Gleichberechtigung im Sinn des Art. 3 III, 4 I usw. GG genaugenommen ausschließt.[160] Somit ist die sogenannte christliche Gemeinschaftsschule nach BVerfG eine weltanschaulich offene Schule auf christlicher Orientierungsbasis, was immer das sei. Unklar bleibt auch die Forderung im Leitsatz 4 des Urteils zu Baden-Württemberg, es seien „weltanschaulich-religiöse Zwänge soweit wie irgend möglich" auszuschalten.

Im Ergebnis laufen die Entscheidungen auf die Zulässigkeit eines insoweit nicht verbindlichen interkonfessionell geprägten Unterrichts hinaus. Die Begriffe Toleranz und Mission bleiben undefiniert, die Frage der Erforderlichkeit eines religiös-weltanschaulich neutralen Unterrichts wird gar nicht erst aufgeworfen. Neben weiteren Ungenauigkeiten war es völlig verfehlt, im Fall Bayern eine GG-konforme Auslegung für möglich zu halten. Das stand auch im Widerspruch zu den vom BVerfG von Anfang an selbst entwickelten Grundsätzen der verfassungskonformen Auslegung.[161]

Die Entscheidungen sind ein Fortschritt, aber ein Musterbeispiel für Unklarheit in einer wichtigen Angelegenheit.

cc) Nicht anders ist der Senatsbeschluss zum *Schulgebet* außerhalb des Religionsunterrichts von 1979 zu bewerten.[162] Das Schulgebet auf christlich-ökumenischer Glaubensgrundlage sei zulässig, wenn völlig freiwillig. Widersprüchlich ist die Aussage, das Schulgebet sei nicht Teil des allgemeinen Unterrichts und liege sogar außerhalb des staatlichen Bildungs- und Erziehungsauftrags, obwohl es während der Unterrichtszeit durchgeführt wird. Dass die Lehrer regelmäßig am Gebet, einer religiösen Übung, beteiligt sein können, hält das Gericht für selbstverständlich. Die Frage der Vereinbarkeit der Amtsautorität mit der völligen Freiwilligkeit wird nicht an-

---

gionsfreiheit, 1977, 401–421; G. *Mensching*, Toleranz und Wahrheit in der Religion, 1955, Neuausgabe 1996 durch Udo Tworuschka.

160 Krit. zur unklaren Begriffsverwendung in der Rspr. des BVerfG: *Czermak/Hilgendorf* 2018, 87 und grundlegend A. *Debus*, Das Verfassungsprinzip der Toleranz unter besonderer Berücksichtigung der Rechtsprechung des Bundesverfassungsgerichtes, 1999.

161 Schon seit BVerfGE 2, 266 (282); E 8, 28 (34): Der Richter darf einem nach Wortlaut und Sinn eindeutigen Gesetz nicht durch „verfassungskonforme" Auslegung einen entgegengesetzten Sinn geben. Eingehend zur verfassungskonformen Auslegung: K. *Schlaich/S. Korioth*, Das Bundesverfassungsgericht, 11. A. 2018, 342–350.

162 BVerfGE 52, 223: *Schulgebet*.

gesprochen, auch nicht, dass der Staat keine Kompetenz hat, zu entscheiden, was interkonfessionell möglich ist. Die Frage des weltanschaulichen Verschweigungsrechts (Art. 136 III 1 WRV/140 GG) wird nur teilweise angesprochen, das Neutralitätsgebot als Prüfungsmaßstab für amtliche Mitwirkung nicht einmal erwähnt. Warum diese Art der dem Staat zurechenbaren Religionsförderung zulässig sein soll, wird nicht erklärt, obschon derselbe Senat (in einer kirchensteuerrechtlichen Frage) erst 1977 erklärt hatte, der Gedanke einer staatlichen Fürsorge in Glaubensangelegenheiten sei „dem Grundgesetz fremd".[163]

Die rechtsdogmatischen Mängel wiegen schwer.

dd) Eine weitere fragwürdige schulrechtliche Entscheidung ist die von 1987 zur *Finanzierung konfessioneller Privatschulen.*[164] Der Verfassungsbeschwerde wurde zwar wegen besonders krasser Sonderbehandlung stattgegeben, aber eine maßvoll höhere Förderung von Bekenntnis- und Weltanschauungsschulen sei zulässig, weil sie das neutrale öffentliche Schulwesen „in besonderer Weise ergänzen". Religiöse Schulen dürfen demnach bevorzugt und mit großem Entscheidungsspielraum finanziell gefördert werden, wobei u. U. vorgeschobene Gründe ausreichen. Ein merkwürdiges Verständnis von Rechtsgleichheit.

Immerhin hat das Gericht 1992 „klargestellt", die religiöse Anschauung dürfe gem. Art. 3 III GG auch dann kein Anknüpfungspunkt für eine rechtliche Ungleichbehandlung sein, wenn der Gesetzgeber in erster Linie andere Ziele verfolge.[165] Das ist einer der Fälle, in denen das Gericht seine frühere Rechtsprechung grundlegend korrigiert, ohne das klar kenntlich zu machen. Es soll, ganz überflüssig, der Anschein der Kontinuität erweckt werden.

ee) *Eine schulrechtliche Wende stellte der Kruzifix-Beschluss von 1995 dar.*[166] Er besagt, dass der Staat (die öffentliche Hand) in seinen Pflichtschulen, die keine Bekenntnisschulen (Art. 7 V GG) sind, generell keine Kreuzsymbole oder gar Kruzifixe anbringen darf. Die seinerzeit selbst von einem

---

163 BVerfGE 44, 37: *Nachbesteuerung.*

164 BVerfGE 75, 40: *Privatschulfinanzierung.*

165 BVerfGE 85, 191: *Nachtarbeitsverbot für Frauen.*

166 BVerfGE 93, 1: *Kruzifix-Beschluss*; dazu eingehend in Auseinandersetzung mit der kontroversen Literatur *G. Czermak*, Zur Unzulässigkeit des Kreuzes in der Schule aus verfassungsrechtlicher Sicht in: Brugger/Huster (Hg.), Der Streit um das Kreuz in der Schule, 1998, 13–40. Kompakt: https://weltanschauungsrecht.de/Kreuz-im-Klassenzimmer.

großen Teil der Verfassungsrechtler angefeindete Entscheidung[167] ist heute juristisch weitgehend anerkannt, weil sie den etablierten grundrechtsdogmatischen Regeln entspricht. Leider lassen die Entscheidungsgründe den Stellenwert des wohl erstmals für diese Materie näher herausgearbeiteten objektiv-rechtlichen Neutralitätsgebots im Verhältnis zur grundrechtlichen Prüfung nicht klar erkennen. Unverständlich ist, dass zwar die einschlägige Kreuzesanordnung der damaligen bayerischen Volksschulordnung für nichtig erklärt wurde, die Passagen zum schulischen Auftrag der Förderung der religiösen Kindererziehung aber nicht mit der hier sehr angebrachten Kritik bedacht wurden.

Das Schlimme am Kruzifix-Beschluss ist das weitschweifige Sondervotum dreier Richter, das eine Vielzahl von rechtlich unvertretbaren Aussagen enthält und insgesamt nur als massive Unmutsbekundung anzusehen ist. Solche Ausführungen sind eines Bundesverfassungsrichters nicht würdig und werfen ein bedenkliches Licht darauf, was in ideologischen Fragen selbst in einem so hochkarätig besetzten Gericht möglich ist.

Auf die eingehende Erörterung in der obigen Rechtsprechungs-Dokumentation (Kap. 5) wird verwiesen.

ff) Von welch großer Bedeutung auch Nichtannahmebeschlüsse der mit nur drei Richtern besetzten Senatskammern sein können, zeigt auch der Kammer-Beschluss vom 17. 2. 1999 zur Zulässigkeit des niedersächsischen Unterrichts „Werte und Normen", der verfassungsrechtlich dem *Ethikunterricht als Ersatzunterricht* entsprach. Die Sache betraf eine sorgfältig begründete Richtervorlage des VG Hannover, die die Ersatzfachkonstruktion für nicht vereinbar mit Art. 7 II, 4 I, II und 3 III GG erklärt hatte.[168] Der Beschluss der Kammer des 1. Senats, an dem zwei angesehene Juraprofessoren mitwirkten, erklärte die Vorlage mit diffiziler und umfangreicher Begründung für unzulässig. Nach den dort geforderten extremen Anforderungen an Richtervorlagen wäre diese Rechtsschutzmöglichkeit des Art. 100 I GG praktisch ausgeschlossen. Es sieht so aus, als ob man die Sache, weil inhaltlich so gut begründet, keinesfalls zur Senatsentscheidung zulassen wollte. Die rechtspolitische Bedeutung war enorm. Hätte der Senat die Richtervorlage für begründet erklärt, wäre in Westdeutschland der Ethikunterricht in Form des Auffangunterrichts für nicht am Religionsun-

---

167 Herausragend *J. Isensee*, Bildersturm durch Grundrechtsinterpretation. Der Kruzifixbeschluß des BVerfG, ZRP 1996, 10 ff. Dass diese etwas skurrile Philippika auch heute noch ein Herzensanliegen des Autors ist, zeigt sein Wiederabdruck in: *J. Isensee*, Staat und Religion [Gesammelte Abhandlungen] 2019, 163 ff.
168 VG Hannover NVwZ 1998, 316, B. v. 20.08.1997 - 6 A 8016/94 (Richtervorlage).

terricht Teilnehmende (vereinfacht: „Heidenhüten") gescheitert. Die Folge wäre gewesen, dass der Religionsunterricht wohl weiter an Akzeptanz verloren hätte. Das wäre aber auch dann der Fall gewesen, wenn man einen – der Sache nach dringend notwendigen – Ethik- oder Philosophieunterricht (Werteunterricht) für ausnahmslos alle Schüler eingerichtet hätte. Wegen weiterer Einzelheiten siehe die obige Falldokumentation (Kap. 5).

gg) Ergänzend sei darauf hingewiesen, dass sich das BVerfG auch hinsichtlich des seinerzeit höchst umstrittenen brandenburgischen Schulfachs *Lebensgestaltung-Ethik-Religionskunde (LER)*, das inhaltlich auf derselben verfassungsrechtlichen Stufe wie der wertkundliche Unterricht in den anderen Bundesländern steht, sehr kirchenfreundlich verhalten hat. Der vom Senat gemachte (prozessrechtlich außergewöhnliche) Verfahrensvorschlag von 2001 ersparte dem Gericht die heikle Prüfung des Art. 141 GG und brachte der evangelischen Kirche ein Optimum an „Kirche in der Schule", wobei der im Vergleichsvorschlag zugestandene nichtstaatliche Religionsunterricht von einem staatlichen auch finanziell kaum unterscheidbar war.[169] Da findet sich keine Spur von der alten eigenen Erkenntnis: „Der … Gedanke einer Fürsorge des Staates in Glaubensangelegenheiten … ist dem Grundgesetz fremd."[170]

hh) Besonders gravierend ist die 2. Entscheidung des BVerfG zum islamischen *Lehrerinnen-Kopftuch* von 2015.[171] Die Entscheidung des 2. Senats von 2003 zur Kopftuchproblematik hatte noch mehrere rechtspolitische Möglichkeiten zugelassen (Zulassung bzw. Verbot des Kopftuchs unter bestimmten Voraussetzungen), wobei aber das Neutralitätsgebot noch gebührende Beachtung fand und mit dem Grundrecht der Glaubensfreiheit verfassungsrechtlich auf eine Ebene gestellt wurde.[172] Nunmehr hat der 1. Senat eine Kehrtwende vollzogen und weder die gemäß § 16 BVerfGG veranlasste Entscheidung des Plenums (beider Senate) herbeigeführt, noch sich inhaltlich mit dem konträren Urteil des 2. Senats auseinandergesetzt. Das ist keine ordnungsgemäße Entscheidungsbegründung. Die Existenz eines beamtenrechtlichen Neutralitätsgebots wird zwar verbal nicht abgestritten, aber gegenüber der Glaubensfreiheit stark vernachlässigt, indem Art. 4 pauschal der Vorzug gegeben wird. Der sonst immer hochgehaltene Ermessensspielraum der Länder wird ohne Not ignoriert zugunsten praxis-

---

169 BVerfGE 104, 305: *LER-Vergleichsvorschlag.*
170 BVerfGE 44, 37: *Überlegungsfrist* bzw. lange *Nachbesteuerung* beim Kirchenaustritt unzulässig.
171 BVerfGE 138, 296: *Islamisches Kopftuch II*, 1. Senat.
172 BVerfGE 108, 282: *Islamisches Kopftuch I*, 2. Senat.

untauglicher Überlegungen. Die nicht nur weitschweifigen, sondern geradezu unzumutbar exzessiven Ausführungen vermögen die Defizite nicht zu überspielen. Das Neutralitätsgebot, obwohl geradezu ein verfassungsrechtlicher Schlüsselbegriff (Stefan Huster)[173], wird fast bedeutungslos.

b) Kirchensteuerrecht

Von Anfang an und bis zum heutigen Tag hat das BVerfG die komplizierten kirchensteuerrechtlichen Regelungen der Bundesländer im Wesentlichen gebilligt. Korrekturen beschränkten sich auf Einzelfälle. Das Gericht hat noch nie das kirchensteuerrechtliche Grundsystem anhand des Grundgesetzes ernsthaft kritisch überprüft. Insbesondere das in mehrerlei Hinsicht problematische System des staatlichen Einzugs der Kirchenlohnsteuer hat es wie selbstverständlich akzeptiert.

Dabei garantiert Art. 137 VI WRV/140 GG lediglich die Ermöglichung der Erhebung des Mitgliedsbeitrags der Religionsgemeinschaften, soweit sie als Körperschaften i. S. des Art. 137 V anerkannt sind, in Form einer Steuer auf der Basis der hierzu vom Staat zur Verfügung gestellten Daten. Ferner garantiert der Staat die *Beitreibung* der Steuerschuld mit hoheitlichen Mitteln. Eine staatliche Kirchensteuer*verwaltung* ist anerkanntermaßen verfassungsrechtlich nicht erforderlich und wird von den Bundesländern auch nur alternativ zur Verfügung gestellt. Trotz Geltung des Gebots der organisatorischen Trennung von Staat und Religionsgemeinschaften verfährt das BVerfG so, dass alle organisatorischen Maßnahmen, die zum staatlichen Steuereinzug auch bei der Lohnsteuer notwendig oder aus Sicht der Kirchen sinnvoll sind, gebilligt werden. Die Beeinträchtigung von Grundrechten der Arbeitgeber und Steuerzahler (Art. 4 GG, 136 III 1 WRV/140 GG) wird überspielt.

Erinnert sei insbesondere an folgende oben näher erörterte Entscheidungen:
- BVerfGE 20, 40 (1966), *Konfessionsverschiedene Ehe:* Der staatliche Kirchenlohnsteuerabzug sei kein Problem hinsichtlich des Verbots institutioneller Verflechtungen, obwohl das Gericht erst in E 19, 206 die Einführung staatskirchlicher Rechtsformen untersagt hatte. Eine getrennte Kirchensteuerveranlagung sei unnötig.

---

173 S. *Huster,* Die ethische Neutralität des Staates, 2. A. 2017, 5–46; wichtig zur Neutralität auch *H. Dreier,* Staat ohne Gott, 2018, 95–139. Näheres zur Neutralität in diesem Kapitel gegen Ende.

- BVerfGE 44, 103 (1977): Auch nichtkirchliche *Arbeitgeber* müssten kostenlos für den ordnungsgemäßen Kirchenlohnsteuerabzug sorgen.
- BVerfGE 49, 375 (1978): Der *Religionsvermerk* auf der Lohnsteuerkarte sei trotz des Verschweigerechts (Art. 136 III 1 WRV) zulässig. Das ohne weiteres verfassungsgemäße Kirchenlohnsteuerverfahren sei zweckmäßig und erfordere daher den Vermerk. Daher sei eine Grundrechtsverletzung „noch nicht" anzunehmen.
- BVerfG-K, NJW 2011, 365, B. 28. 10. 2010, *Besonderes Kirchgeld:* Nichtannahmebeschluss, da alle wesentlichen Rechtsfragen geklärt seien (trifft bei weitem nicht zu).

c) Arbeitsrecht im kirchlichen Bereich

Das sogenannte kirchliche Arbeitsrecht ist eine einzigartige Sonderentwicklung zu Lasten der kirchlichen Arbeitnehmer. Zum einen gibt es unnötige bundesgesetzliche Ausnahmeregelungen im kollektiven Arbeitsrecht (Nichtanwendung des Betriebsverfassungs- und Personalvertretungsgesetzes sowie des Tarifvertragsrechts) zugunsten der Kirchen. Im Individualarbeitsrecht hat eine stufenweise Entwicklung zur teilweise monopolartigen Stellung kirchlicher Sozialeinrichtungen geführt, die ohne die kreative Rechtsprechung des BVerfG nicht möglich gewesen wäre.

- BVerfGE 22, 180 (Sozialhilfeurteil, 1967): 1961 hat der Bundestag (die C-Parteien) gegen heftigen Widerstand von Städten und Gemeinden das Bundessozialhilfegesetz und Jugendwohlfahrtgesetz geändert. Ohne sachliche Notwendigkeit wurde das System des Vorrangs der sozialen Einrichtungen der öffentlichen Hand umgekehrt in einen Vorrang der freien, d. h. insbesondere kirchlichen Einrichtungsträger. Das BVerfG hat das gebilligt, aber, eher nebenbei, gefordert, hinsichtlich der Benutzer müsse Art. 4 GG beachtet werden. Das wurde unverständlicherweise von kaum einem nichtkirchlichen Träger bei der Eröffnung neuer Einrichtungen geltend gemacht.
- BVerfGE 24, 236 (Aktion Rumpelkammer, 1968): Die Entscheidung war der juristische Beginn der explosionsartigen Ausbreitung kirchlicher Sozialeinrichtungen. Die Religionsausübungsfreiheit (Art. 4 II) wurde ohne verfassungsrechtliches Vorbild und ohne sachliche Notwendigkeit über kultische Handlungen, religiöse Gebräuche und religiöse Erziehung hinaus erweitert auf andere Handlungen, wenn sie nur religiös motiviert sind wie im Fall einer Lumpensammelaktion der katholischen Landjugend. Das Grundrecht des Art. 4 I, II GG wurde nicht

nur Religionsgemeinschaften zuerkannt, sondern auch solchen juristisch selbständigen Vereinigungen, die nur einen religiösen Teilaspekt zum Gegenstand haben. Weitere Voraussetzung ist nur eine enge Bindung an eine Religionsgemeinschaft. Das ist eine *freie rechtsdogmatische Erfindung*, die den Kirchen zugutekommt, das Grundrecht entgrenzt und die Konfessionalisierung des Sozialsystems ermöglicht hat.

- BVerfGE 46, 73 (Goch-Entscheidung, 1977): Die Grundrechtsträgerschaft kirchlicher „Trabanten" wurde präzisiert und ausdrücklich die Nichtanwendbarkeit des Betriebsverfassungsgesetzes festgestellt.
- BVerfGE 53, 366 (St. Marien, 1980): Bei der Güterabwägung im Rahmen des Art. 137 III WRV zwischen den staatlichen und kirchlichen Belangen komme letzteren ein „besonderes Gewicht" zu. Ein allgemeines, religiös neutrales Gesetz zu wirtschaftlich begründeten Organisationsstrukturen in Krankenhäusern greife in die Organisations- und Personalhoheit des staatlich voll finanzierten, aber kirchlich gebundenen Krankenhausträgers ein, wenn das nicht „aus zwingenden Gründen geboten wäre". Das Sondervotum des Richters Rottmann ist vernichtend.
- BVerfGE 57, 220 (Volmarstein-Entscheidung, 1981): Betriebsfremden Gewerkschaftsbeauftragten wurde das Zutrittsrecht selbst für bloße Informations- und Werbezwecke verweigert.
- BVerfGE 70, 138 (Buchhalter- und Assistenzarzt-Fall, 1985): Diese Entscheidung ist eine große und im Wesentlichen bis 2018 anhaltende Katastrophe zu Lasten der kirchlichen Arbeitnehmer, deren Grundrechte bei Verletzung spezieller kirchlich bestimmter Vertragspflichten bis weit in den persönlichen Bereich hinein (Wiederheirat geschiedener Katholiken) im Kündigungsfall häufig ignoriert wurden.
- BVerfGE 137, 273 (Chefarztfall, 2014): Das BVerfG bekräftigte noch nach 29 Jahren und katastrophalen Ergebnissen der Entscheidung von 1985[174] das in BVerfGE 70, 138 entwickelte Konzept und stärkte lediglich das Gewicht des Grundrechtsschutzes. Erst der EuGH sorgte mit drei Entscheidungen von 2018[175] dafür, dass der kaum verständliche

---

174 Dazu neuerdings *I. Matthäus-Maier*, Über die lange Geschichte der Grundrechtsverletzungen durch das kirchliche Arbeitsrecht in: Neumann/Czermak/Merkel/Putzke (Hg.), Aktuelle Entwicklungen im Weltanschauungsrecht, 2019, 313–332.
175 Zum Kündigungsschutz EuGH NJW 2018, 1869 vom 17. 4. 2018.

deutsche Sonderweg des Arbeitsrechts im kirchlichen Bereich beendet werden muss bzw. dem Ende entgegengeht.[176]

d) Religionsförderung[177]

Hier wird nur auf die von der öffentlichen Hand ohne rechtliche Notwendigkeit, also völlig freiwillig geleisteten finanziellen *Subventionen* und die fragwürdigen bzw. unzulässigen rechtlichen *sonstigen Bevorzugungen* (d. h. diskriminierende Behandlung Anderer) eingegangen. Die historischen Staatsleistungen gehören nicht dazu[178]. Zum Umfang der finanziellen Kirchenförderung hat Gerhard Robbers schon 1994 im Handbuch des Staatskirchenrechts ausgeführt: „Die Vielfalt finanzieller Förderung der Kirchen durch den Staat macht Systematisierungen problematisch, verläßliche Schätzungen des Volumens nahezu unmöglich."[179]

Der ersten und sehr detaillierten kritischen Untersuchung der *Kirchenfinanzierung* durch Carsten Frerk von 2010[180] kann man entnehmen, dass die wichtigsten Posten bei Einbeziehung von staatlichen Einnahmeverzichten nach dem Stand von 2009 eine Größenordnung von 19 Milliarden Euro an Steuergeldern ausmachen. Dazu gehören z. B. Steuerbefreiungen, Einnahmeverzicht durch steuerliche Absetzbarkeit, Nachwuchsausbildung, historische Staatsleistungen (falls man sie nicht richtigerweise als abgegolten ansieht)[181], Militär- und Anstaltsseelsorge[182], Kirchentage[183], Zuschüsse aller Art wie z. B. kirchliche Auslandsarbeit. Wie groß die nirgendwo erfassten *kommunalen Zuschüsse* sind, kann niemand sagen (etwa Zuschüsse zu Pfarrzentren, Jugendarbeit, Bibliotheken, Gebäudeinstandhaltung, Orgeln usw.). All diese freiwilligen Leistungen müss(t)en gewissen

---

176 Näher *T. Müller-Heidelberg*, EuGH sorgt für Zeitenwende im kirchlichen Arbeitsrecht in: Neumann/Czermak/Merkel/Putzke (Hg.), Aktuelle Entwicklungen im Weltanschauungsrecht, 2019, 333–343.

177 Näher *Czermak/Hilgendorf* 2018, 214–222.

178 Hierzu *G. Czermak*, https://weltanschauungsrecht.de/Staatsleistungen; https://weltanschauungsrecht.de/meldung/staatsleistungen-13-fragen-13-antworten.

179 *G. Robbers*, HdbStKirchR Bd. 1, 2. A. 1994, 867–890, Zitat 867.

180 *C. Frerk*, Violettbuch Kirchenfinanzen, 2010.

181 Dazu *Czermak/Hilgendorf* 2018, 413 f.

182 *Czermak/Hilgendorf* 2018, 247–251; kritisch auch z. B. *C. D. Classen*, Religionsrecht, 2. A. 2015, 278 ff.; eingehend und sehr krit. *S. Korioth* in: Maunz/Dürig, GG, Art. 140/141 WRV, Rn. 12 ff.: Verstöße gegen das Trennungsgebot.

183 *G. Czermak*, Art. Kirchentage, https://weltanschauungsrecht.de/Religionsfoerderung, dort V. Details.

Grundregeln unterliegen. Von größter Bedeutung ist das Gleichheitsgebot (Art. 3 I GG), und das gilt auch für die Normsetzung aller Art. Eine systematische Erörterung von Grundfragen der Religionsförderung ist in der Literatur noch kaum erfolgt.[184] Das BVerfG hat zu dieser Problematik nur wenige und widersprüchliche Aussagen getroffen und kein System erörtert.

- BVerfGE 19, 1 (Gebührenbefreiung einer religiösen Körperschaft, 1965): Grundsätzliche Neutralität bedeutet nicht, dass der Staat alle Religionsgesellschaften schematisch gleichbehandeln muss. Zulässig sind Differenzierungen, die durch tatsächliche Verschiedenheit konkret gerechtfertigt sind. Eine Differenzierung nach der Größe könne nicht von vornherein abgewiesen werden. Bei der Freiheit von Gerichtsgebühren komme eine Privilegierung der großen Kirchen nicht in Betracht. Kirchenverträge könnten als solche nicht als Differenzierungsgrund anerkannt werden.
- BVerfGE 19, 206 (Badische Kirchenbausteuer, 1965): u. a.: Das GG untersage die Privilegierung bestimmter Bekenntnisse (S. 219).
- BVerfGE 44, 37 (Nachbesteuerung, 1977): Der Gedanke der Fürsorge des Staates in Glaubensangelegenheiten sei dem Staat fremd (S. 52 f.).
- BVerfGE 75, 40 (Privatschulförderung, 1987): Der Gleichheitssatz müsse bei der Förderung beachtet werden. Historische Umstände, die besondere Funktion von Bekenntnisschulen, fiskalische Gründe und Vertrauensschutz im Hinblick auf die bisher hohe Förderung könnten aber eine wesentlich stärkere Förderung privater Bekenntnisschulen rechtfertigen. Dazu eingehend Kapitel 5.
- BVerfGE 122, 89 (Theologische Fakultäten, Fall Lüdemann, 2008): Die staatlichen theologischen Fakultäten werden nicht problematisiert, obwohl nach richtiger Ansicht nur für die Ausbildung von Religionslehrern eine verfassungsrechtliche Legitimation besteht. Der Wissenschaftsbegriff und das Trennungsgebot werden nicht behandelt, auch nicht die Gleichheitsverstöße im Hinblick insbesondere auf die humanistisch-naturalistische Weltanschauung. – Trotz einer relativ großen Zahl an Professuren für die jüdischen und islamischen Religionsrichtungen, selbst für die christliche Orthodoxie und die Aleviten, gibt es keine einzige Professur für die historisch und besonders aktuell wichti-

---

184 S. aber den Abschnitt zur Religionsförderung in: *Czermak/Hilgendorf* 2018, 214–222 mit Ansätzen zu einer Theorie der Religionsförderung. Kirchliche Sicht: *M. Pulte/A. Hense* (Hg.), Grund und Grenzen staatlicher Religionsförderung, 2014.

ge „Humanistik". Dabei weist gerade diese Richtung eine besondere Nähe zum GG auf.[185]

– BVerfGE 123, 148 (Subventionierung konkurrierender jüdischer Gemeinden, 2009): Den Zweck der vertragsgesetzlichen Regelung, € 200.000 für den Wiederaufbau und die Aufrechterhaltung jüdischen Gemeindelebens zur Verfügung zu stellen, beanstandete das BVerfG nicht. Das bedeutet, der Staat ist zu spezieller Förderung befugt, wenn er besondere Förderungswürdigkeit annimmt.

e) Religiös-weltanschauliche Neutralität[186]

Seit dem Urteil zur Badischen Kirchenbausteuer von 1965[187] ist die Neutralität, eine leider nur theoretisch bzw. verbal so gut wie allgemein anerkannte Grundkategorie des Weltanschauungsrechts, ständiger Bestandteil der Rechtsprechung des BVerfG in Dutzenden von Entscheidungen. Die diesbezügliche Grundaussage ist, das GG lege durch eine Reihe von Normen „dem Staat als Heimstatt aller Staatsbürger ohne Ansehen der Person weltanschaulich-religiöse Neutralität auf", verwehre die Einführung staatskirchlicher Rechtsformen und untersage auch die Privilegierung bestimmter Bekenntnisse.[188] Leider ist das Gericht bis heute trotz textlicher Erweiterungen kaum darüber hinausgekommen. Dabei wären gerade hier aussagekräftigere konkrete Erläuterungen erforderlich gewesen. Damit wären zahllose Gerichtsverfahren überflüssig geworden. Die Gesetzgeber hätten praktisch brauchbare Direktiven bekommen. Das in den folgenden Jahren trotz vieler konkreter Anlässe unterlassen zu haben, ist vielleicht das größte Versäumnis des BVerfG. Die folgende Auflistung enthält notgedrungen nur einige Beispiele.

---

185 Eingehend und krit. zu den Theologischen Fakultäten *Czermak/Hilgendorf* 2018, 235–247 mit Lit.

186 Standardwerk zur weltanschaulich-ideologischen Neutralität: *S. Huster*, Die ethische Neutralität des Staates, 2. A. 2017 (mit monographischer einleitender Aktualisierung zur Erstauflage 2002); zur insbesondere rechtsdogmatischen Einführung statt aller: *G. Czermak* in: Czermak/Hilgendorf 2018, 91–104; grundlegend und überzeugungsstark *H. Dreier*, Staat ohne Gott, 2018, 95–139. Tiefschürfend, aber unbefriedigend, weil ohne praktisches Ergebnis, *E. Bornemann*, Die religiös-weltanschauliche Neutralität des Staates, 2020.

187 BVerfGE 19, 206 (216): *Badische Kirchenbausteuer.*

188 Zitat: BVerfGE 19, 206 (216): *Badische Kirchenbausteuer.*

- BVerfGE 19, 206 (Badische Kirchenbausteuer, 1965): s. oben; gute, aber unzureichende Standardformel.
- BVerfGE 24, 236 (Rumpelkammer, 1968): Es „hat der religiös-neutrale Staat grundsätzlich verfassungsrechtliche Begriffe nach neutralen, allgemeingültigen, nicht konfessionell oder weltanschaulich gebundenen, Gesichtspunkten zu interpretieren."[189]
- BVerfGE 35, 366 (Kreuz im Gerichtssaal, 1973): Im Einzelfall (wie hier: jüdischer Kläger, Wiedergutmachungsverfahren) könne die Glaubensfreiheit verletzt sein. Ob das Kreuz (im Streitfall 75 cm hohes Standkruzifix auf Richtertisch) auch die Neutralität verletze, sei nicht mehr entscheidungserheblich und zur Beurteilung zu prüfungsaufwändig.
- BVerfGE 93, 1 (Kruzifix-Beschluss, 1995): In dieser grundlegenden Entscheidung des 1. Senats wird zwar die Neutralitätspassage des Urteils Bd. 19, 206 (216) wiederholt und aus der bisherigen Rechtsprechung etwas ergänzt, aber nicht substantiell gestärkt. Ob Schulkreuze nicht nur die Glaubensfreiheit, sondern auch das von Amts wegen geltende Neutralitätsgebot als objektives Recht verletzen, wird nicht *expressis verbis* gesagt. Ein naheliegender Hinweis auf die Bedeutung der weit verbreiteten Kreuze in Gerichts- und Ratssälen ist leider unterblieben.[190]
- BVerfGE 108, 282 (Kopftuch I, 2003, 2. Senat): angemessene Beachtung des Neutralitätsgebots.
- BVerfGE 138, 296 (Kopftuch II, 2015, 1. Senat): deutliche Herabstufung des Neutralitätsgebots.
- *BVerfGE* 140, 225 (Pressemitteilung zur AfD-Partei, 2015, Kammerentscheidung): „Soweit der Inhaber eines Regierungsamtes am politischen Meinungskampf teilnimmt, muss sichergestellt sein, dass ein Rückgriff auf die mit dem Regierungsamt verbundenen Mittel und Möglichkeiten unterbleibt. Nimmt das Regierungsmitglied für sein Handeln die Autorität des Amtes oder die damit verbundenen Ressourcen in spezifischer Weise in Anspruch, ist es dem Neutralitätsgebot unterworfen (vgl. BVerfG, Urteil des Zweiten Senats vom 16. Dezember 2014 – 2 BvE 2/14 -, juris, Leitsatz 2, Rn. 53)."[191]
- BVerfG-K, NJW 2017, 381, 18. 10. 2016 – 1 BvR 354/11 (Kopftuch bei Kindergärtnerinnen, Nichtannahmebeschluss einer Kammer des 1. Senats): Auch bei Erzieherinnen an kommunalen Kindertagesstätten ist

---

189 Zitat: 246 f.
190 Zu Kreuzen im öffentlichen Raum G. *Czermak*, https://weltanschauungsrecht.de /Kreuz-in-Amtsraeumen.
191 Dort Rn. 9.

für ein Kopftuchverbot eine konkrete Gefahr erforderlich. Die Kammer hat sämtliche Urteile der Instanzgerichte bis zum BAG aufgehoben. Sie hatten das Kopftuch als neutralitätswidrig eingestuft. Offen blieb, ob das Neutralitätsgebot auch in öffentlichen Kindergärten gilt. Ggf. gälten die gleichen Einschränkungen wie in der Schule. Eine nur abstrakte Gefährdung reiche somit nicht aus und verletze Art. 4 I, II GG.

– BVerfG-K, NJW 2017, 2333 – B. 27. 06. 2017 – 2 BvR 1333/17 (Kopftuch Rechtsreferendarin, Kammerbeschluss): Der großzügig als zulässig angesehene Eilantrag der Referendarin hatte keinen Erfolg. Es ging nur um das kurzfristige Tragen eines islamischen Kopftuchs während der seltenen amtlich-justiziellen Tätigkeit. Die Kammer des 2. Senats hob folgende Punkte hervor: Die Gleichbehandlung der verschiedenen Religions- und Weltanschauungsgemeinschaften sei zu achten; eine einseitige Identifikation sei untersagt; die dem Staat gebotene weltanschaulich-religiöse Neutralität sei nicht als distanzierende zu verstehen, sondern als eine offene und übergreifende, die Glaubensfreiheit für alle Bekenntnisse gleichermaßen fördernde Haltung. Weiter: „Der Staat darf lediglich keine gezielte Beeinflussung im Dienste einer bestimmten politischen, ideologischen oder weltanschaulichen Richtung betreiben oder sich durch von ihm ausgehende oder ihm zuzurechnende Maßnahmen ausdrücklich oder konkludent mit einem bestimmten Glauben oder einer bestimmten Weltanschauung identifizieren und dadurch den religiösen Frieden in einer Gesellschaft von sich aus gefährden." Das gelte insbesondere auch für den Bereich der Justiz. Die seit Jahrzehnten zu stellende Frage, wann, an Beispielen belegt, eine „gezielte Beeinflussung" vorliegt und wie indirekte Beeinflussungen zu werten sind, ist leider immer noch offen.

Alles in allem ist die Rechtsprechung des Bundesverfassungsgerichts zur Frage der weltanschaulich-religiösen Neutralität auch nach 70 Jahren stark defizitär. Zudem bestehen erhebliche Differenzen zwischen dem 1. und 2. Senat, die sich offenbar sogar noch verfestigt haben. Es fehlen verlässliche und schlüssig-konkrete Direktiven.

8. Kritische Bewertung: Fehlerhafte Entscheidungsbegründungen und andere Defizite

Die Rechtsprechung der Senate und Kammern des BVerfG ergibt im langfristigen Verlauf von Anfang bis heute in weltanschaulich wichtigen Fällen insgesamt eine stark kirchenlastige Schieflage. Dabei fallen folgende Arten von Fehlern in der Rechtsanwendung auf:

- Wichtige Fragen der Entscheidungsbegründung werden nicht argumentativ erläutert, sondern durch nicht ernsthaft oder gar nicht begründete Behauptungen ersetzt.
- Naheliegende und unangenehme Rechtsfragen werden ignoriert oder durch Wortschwall überspielt.
- Insbesondere: auch ansonsten anerkannte bzw. selbst entwickelte Grundsätze der Rechtsanwendung (Dogmatik) werden punktuell ohne plausiblen Grund beiseitegeschoben.
- Die Praktikabilität von Ausführungen überzeugt nicht.
- Man schreckt immer wieder selbst vor leicht erkennbaren Widersprüchen nicht zurück.
- Die Frage der inneren Befangenheit von Richtern drängt sich immer wieder auf.[192]
- Wiederholte Übergriffe in die Kompetenz des Parlaments verändern die Balance zwischen Gesetzgebung und Gerichtsbarkeit.
- *Obiter Dicta* sind teilweise überflüssig oder schädlich, andererseits fehlen manchmal naheliegende oder gar nötige orientierende Hinweise.
- Wichtige und umstrittene Fragen werden durch Kammerentscheidungen statt durch den Senat entschieden.
- Sehr viele Entscheidungsbegründungen sind, vor allem durch oft unnötige Selbstzitate, zu lang und dadurch unübersichtlich und schwer(er) überprüfbar.
- Manche Entscheidungen ergehen allzu stark verzögert.

Zusammengefasst: Anerkannte Regeln der Rechtsfindung, Rechtsschöpfung und Entscheidungsbegründung werden theoretisch propagiert, aber nicht selten praktisch missachtet.

---

192 Besonders ins Auge fällt der einflussreiche *Willi Geiger.* S. hierzu *H. Kramer,* Ein vielseitiger Jurist. Willi Geiger (1909 – 1994), KJ 1994, 232–237, abrufbar unter: https://www.kj.nomos.de/fileadmin/kj/doc/1994/19942Kramer_S_232.pdf.

9. Erklärungsversuche und Änderungsmöglichkeiten

a) Spezielle Art der Begründung der Entscheidungen des BVerfG

aa) Problemstellung

Von Anfang an hat das BVerfG einen besonderen Aufbau seiner Entscheidungsgründe praktiziert. Nach dem Tatbestand (Sachverhalt, Verfahrensgang) folgen die eigentlichen Entscheidungsgründe, wie bei allen Gerichten beginnend mit den Zulässigkeitsfragen. Ein gravierender Unterschied besteht aber bei der Sachprüfung. Üblicherweise wird in deutschen Gerichten das Ergebnis der Sachprüfung unter Angabe der für maßgeblich erachteten Rechtsgrundlagen vorangestellt und kurz erläutert. Dann wird das Ergebnis systematisch in Einzelschritten und logischer Abfolge deduziert. Die für entscheidungserheblich gehaltenen Normen mit Ober- und Unterbegriffen werden ggf. ausführlich, manchmal auch mit Darlegung kontroverser Ansichten, erläutert und mit den Details des maßgeblichen Sachverhalts verknüpft. Der Sachverhalt wird unter die maßgeblichen Rechtsnormen „subsumiert". Das kann unter Anpassung an den Fall unterschiedlich ausgestaltet werden. Dieses deduktive Verfahren hat sich bewährt, obwohl Gerichte anderer Länder, der EGMR und der EuGH einen ganz anderen, induktiven Begründungsstil pflegen.

Das BVerfG verfährt bis heute ziemlich einheitlich noch anders. Oliver Lepsius erörtert die Problematik unter der Überschrift *„Sonderstatus durch Methode."* Das Gericht hat sich nämlich „durch die spezifische Art und Weise, wie es seine rechtsprechenden Aufgaben erfüllt, einen Sonderstatus geschaffen".[193] Das Gericht verstand sich von Beginn an nicht nur als ein solches, sondern darüber hinaus als „maßstabsetzende Gewalt", und entsprechend breit ist die Wirkung seiner Entscheidungen.

Die Eigenart der Entscheidungsbegründungen besteht darin, dass sie regelmäßig einen lehrbuchartigen abstrakten *Maßstäbeteil* und einen folgenden *Subsumtionsteil* enthalten, in dem diese Maßstäbe auf den konkreten Fall angewendet werden. Das bedeutet, dass die Anwendung der Maßstäbe auf den konkreten Fall auf die Maßstäbe selbst kaum zurückwirkt. Wenn

---

[193] M. *Jestaedt/O. Lepsius/C. Möllers/C. Schönberger* (Hg.), Das entgrenzte Gericht, 2011, 167–181, Zitat 167.

es um die spätere Fortentwicklung und Präzisierung der abstrakten Maß-stäbe geht, ergibt sich aus dieser Begründungsmethode leicht eine Ablö-sung der Verfassungsinterpretation vom jeweiligen konkreten Begrün-dungszusammenhang. Das kann leicht zu Versteinerungen führen, vor al-lem dann, wenn das Gericht zur Ergänzung seiner Begründungen nahezu ständig auf eigene frühere Entscheidungen zurückgreift und sie oft zitiert. Diese Selbstzitate sind fast immer dem Maßstäbeteil entnommen. Das be-deutet auf Dauer, dass das Verfassungsrecht nicht aus der Verfassung, son-dern aus den objektivierten selbst formulierten Maßstäben abgeleitet wird. Erwartungen über die Verfassungsauslegung werden wesentlich durch die Maßstäbe, eine *rechtliche Zwischenebene*, geprägt. Das hält leicht von unmit-telbaren neuerlichen Anstrengungen zur Auslegung des GG ab. Die Maß-stäbe verleiten zu unreflektierten Wiederholungen mittels Textbausteinen. Das Gericht macht sich dann leicht von seiner eigenen Rechtsprechung ab-hängig. Aufgrund intensiver Untersuchung kommt Lepsius zu der Aussa-ge, die Selbsterfindung des Gerichts als maßstabsetzende Gewalt habe zur Folge, dass das BVerfG vom Hüter der Verfassung zum Herrn der Verfas-sung mutiert sei.[194] Die Ansicht von einem solchen Funktionswandel tei-len viele Verfassungsrechtler.[195] Die Begründungspraxis des Gerichts weist eine Abstrahierungstendenz auf, die durch das – im Übrigen sehr hilfrei-che – „Nachschlagewerk der Rechtsprechung des Bundesverfassungsge-richts" noch verstärkt wird. Es stellt nämlich Leitsätze und andere wichtige Sätze aus Begründungen übersichtlich zur Verfügung, aber „kontextbereinigt", was sich auch auf Studienbücher auswirkt.[196] Jörg Menzel kritisiert exzessive Leitsatzkataloge und Selbsterklärungen über tragende Gründe, die zu einer „semi-formellen Persuasion" von Gesetzgeber und anderen staatlichen Organen führen.

---

194 *O. Lepsius* in: Jestaedt u. a. (Hg.), Das entgrenzte Gericht, 2011, 180.

195 Besonders prägnant, teilweise überspitzt, *H. Honsell*, Wächter oder Herrscher – die Rolle des Bundesverfassungsgerichts zwischen Recht und Politik, ZIP 2009, 1689–1697. Er bemängelt zu Recht, dass vieles von dem, was das BVerfG aus den Grundrechten herausliest, ihnen nicht zu entnehmen ist. So lasse sich aus der Lehrfreiheit (Art. 5 III GG) nicht herleiten, dass Professoren in Hochschul-gremien eine Mehrheit haben müssen, so aber BVerfGE 35, 79.

196 Zu diesem Thema sehr klar *Menzel* 2017, 35–37.

bb) Beispiel aus dem weltanschaulichen Bereich[197]

Der oben erörterte *Rumpelkammer-Beschluss* von 1968 ist bis heute von großer Bedeutung.[198] Im Maßstäbeteil der Begründung hat der Senat Grundsätze aufgestellt, die rechtsdogmatisch nicht überzeugen, aber von BVerfG
und Literatur gebetsmühlenartig wiederholt werden und als Felsbrocken
in der Grundrechtsdogmatik wirken. Der 1. Senat hat u. a. folgende
Grundsätze aufgestellt:
- Die Religionsausübungsfreiheit ist schon in Art. 4 I GG enthalten.
- Sie hat zentrale Bedeutung für jedes Bekenntnis und ist daher gegenüber seinem historischen Inhalt vor allem angesichts der nationalsozia-
  listischen Gewaltherrschaft „extensiv auszulegen".
- Zur Religionsausübungsfreiheit gehören nicht nur die Ausübung von
  Kulten und Gebräuchen, sondern auch sonstige „Äußerungen des religiösen und weltanschaulichen Lebens". Dazu gehören, so die konkrete
  Fall-Begründung, auch karitative Sammlungen und Kanzelabkündi-
  gungen.
- Das Grundrecht der ungestörten Religionsausübung steht nicht nur
  „Kirchen, Religions- und Weltanschauungsgemeinschaften zu, sondern
  auch Vereinigungen, die sich nicht die allseitige, sondern nur die partielle Pflege des religiösen oder weltanschaulichen Lebens ihrer Mitglieder zum Ziel gesetzt haben". Voraussetzung ist nur eine ausreichend
  enge institutionelle Verbindung mit der Religionsgemeinschaft.
Diese angesichts eines denkbar banalen Falls – es ging nur um das Verbot
einer Kanzelabkündigung – im Rahmen einer Kurzabhandlung entwickelten Grundsätze über den Inhalt des Art. 4 I, II GG sind bedeutsam,
für die h. M. nach wie vor maßgeblich, nach Ansicht Vieler aber korrektur-
bedürftig. Die h. M. stellt zunächst die These vom Einheitsgrundrecht auf.
Sie ist aber fragwürdig, weil erhebliche funktionale Unterschiede zwischen
dem Innenbereich (*forum internum*) und Außenbereich (*forum externum*)
der individuellen Religionsfreiheit bestehen und das für die Frage der Ein-
schränkbarkeit des Grundrechts (bzw. der Grundrechte) von großer Bedeutung ist. Die These von der extensiven Auslegung des Art. 4 II ist nicht
seriös begründbar. Der Verfassungstext liefert dazu keinen Anhaltspunkt
und die Bedeutung der Religionsfreiheit war auch vor 1945 schon existen-
tiell. Eine völlig freie Erfindung ist die Zuerkennung des Grundrechts bei

---

197 Weitere Beispiele zur Begründungsproblematik hat *O. Lepsius* a. a. O. 182 ff. erörtert.
198 BVerfGE 24, 236: *Rumpelkammer*. S. dazu Kapitel 4 mit Literatur.

Institutionen mit nur teilweiser Religionspflege. Auch ist nicht sehr plausibel, identische Tätigkeiten nur deswegen unterschiedlich zu behandeln, weil ein Teil von ihnen religiös motiviert ist (Nachweisproblematik).[199] Damit war aber der Grundstein für die sprunghafte Entwicklung des kirchlichen Sozialwesens mit kirchlichem Sonderarbeitsrecht gelegt. Der Maßstäbeteil mit seiner sogartigen Wirkung hat daran einen Anteil.

Das Gericht hätte stattdessen in strikter Beschränkung auf den Fall die Ansicht vertreten sollen, der Veranstalter, die Katholische Landjugendbewegung, sei keine Religionsgemeinschaft und daher kein Träger der Religionsfreiheit. Dann wäre die Verfassungsbeschwerde der Landjugend unzulässig gewesen. Auch bei Ablehnung der Einschlägigkeit des Art. 4 GG wäre immerhin der Schutz des Art. 2 I GG (Allgemeine Handlungsfreiheit) gegeben gewesen, d. h. es wäre auf die letzte Zivilinstanz mit einer verfassungsrechtlich *vertretbaren* wettbewerbsrechtlichen (gesetzlichen) Entscheidung angekommen. Eine voreilige Grundsatzentscheidung zu weiteren Fragen, die dann große praktische Bedeutung erhielten, wäre unterblieben.

Die gegebene Begründung hinterlässt insgesamt den schalen Geschmack einer bewusst kirchengeneigten Entscheidung. Immerhin waren einige der Richter als recht religiös bekannt. (Siehe zum Rumpelkammer-Fall auch in Kap. 4.)

b) Zur Frage möglicher Änderungen

aa) Ausgangslage

Des Öfteren wurde von einer juristischen Minderheit kritisiert, das BVerfG habe sich zu Unrecht von einem Obersten Gericht zu einem Verfassungsorgan aufgeschwungen. Für diese Kritik gibt es mehrere dem GG *unmittelbar* zu entnehmende Gründe.[200] Das mag hier dahinstehen. Zur heutigen kaum steigerungsfähigen Bedeutung des BVerfG hat zu Beginn wesentlich das Elfes-Urteil von 1957[201] beigetragen. In ihm hat das Gericht den seinerzeit sehr umstrittenen Begriff der „verfassungsmäßigen Ordnung" als Be-

---

199 Zu diesen dogmatischen Fragen *Czermak/Hilgendorf* 2018, 59 ff. und 69 ff.
200 Ausführlich *B. Großfeld*, Zur Stellung des Bundesverfassungsgerichts im Grundgesetz, NJW 1998, 3544 ff.
201 BVerfGE 6, 32: *Elfes*; *T. Darnstädt*, Verschlusssache Karlsruhe, 2018, 129–160, auch zur Entstehungsgeschichte dieser Entscheidung.

grenzung des Rechts auf freie Entfaltung der eigenen Persönlichkeit denkbar weit ausgelegt. Er sei gleichzusetzen mit der gesamten verfassungsmäßigen Rechtsordnung. Damit wird die allgemeine Freiheit des Verhaltens dem einfachen Gesetzesvorbehalt unterworfen. Das bedeutet, dass jeder staatliche Eingriff mit der Behauptung einer Verletzung des Art. 2 I GG mit einer Verfassungsbeschwerde vor das BVerfG gebracht werden kann, auch dann, wenn keines der anderen Grundrechte greift. Das ist wegen der daraus folgenden Überfülle an Verfassungsbeschwerden der Bürger von großer Bedeutung für Ansehen und Macht des Gerichts. Es ist wohl nicht sinnvoll, diese bis heute fortgeführte und anerkannte Entwicklung ändern zu wollen.

Die sich daraus ergebende Macht des BVerfG tendiert zu Übergriffen, die auch in der Literatur, wie gesagt, immer wieder punktuell kritisiert wurden. Solche Tendenzen dürfen nicht erleichtert werden durch die – bei allen sonstigen Gerichten nicht angewandte – Methodik lehrbuchartiger, der Fallbegründung vorangestellter Ausführungen, die für die künftige Anwendung und Fortbildung des Verfassungsrechts von weitaus größerer Bedeutung sind als die entschiedenen Fälle selbst. Das führt zu Fehlentwicklungen wie beim Arbeitsrecht in „kirchlichen" Einrichtungen.

Das GG selbst gibt keinen Anlass, im Verfassungsgericht etwas anderes zu sehen als ein Gericht. Es hat über konkrete Fälle anhand konkreter Normen zu entscheiden und nicht gesetzesähnliche eigene Ausführungen zum *Ausgangspunkt* der Fallprüfung zu machen. Gesetzesrecht ist geronnene Politik, und daher haben viele Entscheidungen natürlich eine enorme politische Bedeutung und manchmal große praktische Auswirkungen. Diese Folgewirkungen müssen freilich nach Möglichkeit berücksichtigt werden, d. h. wenn die sorgfältige Anwendung der anerkannten Regeln der Rechtsgewinnung bzw. Fortentwicklung des Rechts das zulassen. Das ist aber bei den anderen Gerichten nicht anders. Natürlich ist es die besondere Aufgabe des BVerfG, die Verfassung unter Berücksichtigung ggf. aufwändiger, auch nicht nur rein juristischer, Untersuchungen anzuwenden bzw. systematisch fortzuentwickeln und so der Rechtsprechung und Politik Richtlinien zu geben. Diese Untersuchungen müssen aber zur Begründung der jeweiligen Fallentscheidung erforderlich und in sie eingebettet sein, damit sie sich nicht völlig abstrakt vom Fall lösen und in der isolierten Anwendung auf andere Fälle zu Verfälschungen führen.

bb) Arbeitsüberlastung – Strukturprobleme

Ein wesentlicher Grund dafür, warum selbst wichtige Senatsentscheidungen trotz der hohen Qualifikation der Richter und ihrer wissenschaftlichen Mitarbeiter oft nicht zufriedenstellend ausfallen, sind zum einen die gruppendynamischen Prozesse bei Senaten mit acht Richtern, die zu Kompromissen auch in den Entscheidungsbegründungen zwingen, worunter deren Konsistenz leidet. Ähnliche Gefahren bestehen auch in den Senatskammern, in denen drei Richter ständig intensiv zusammenarbeiten.

Noch gravierender ist zum anderen das notorische Problem einer jahrzehntelangen *Arbeitsüberlastung* des Gerichts. Hierzu wird zunächst auf die in Kapitel 1 genannten Zahlen verwiesen. Die Situation ist so bedrückend, dass der langjährige juristische Beobachter Rolf Lamprecht einer komprimierten Situationsbeschreibung den Titel gab: „Ist das BVerfG noch gesetzlicher Richter?"[202] Er verweist auf einen ungeschminkten Arbeitsbericht über 12 Jahre Richtertätigkeit in der Abschiedsrede von Ernst-Wolfgang Böckenförde im Mai 1996[203], und daran dürfte sich bis heute nichts Entscheidendes geändert haben. Demnach hatte ein Richter bei 30 Senatssachen und 2400 Kammersachen jährlich 304 Verfahren als Berichterstatter zu bearbeiten und war an 900 Kammerfällen beteiligt. Daraus wurde für die Kammersachen eine Zeit von knapp 13 Minuten errechnet, ein rechtsstaatlich äußerst fragwürdiges Ergebnis. Lamprecht hat die sich daraus konkret ergebende Arbeitspraxis genau beschrieben. Sie rechtfertigt die Schlussfolgerung Böckenfördes: „Die Verfassungsbeschwerde als Rechtsbehelf für jedermann … ist hierdurch längst zur Farce geworden". Wiederkehrende Bemühungen, die Arbeitsbelastung durch verfahrensrechtliche Änderungen nennenswert zu verringern, sind bisher sämtlich gescheitert.

Vielleicht würde der Vorschlag Lamprechts helfen, nach dem Vorbild des EuGH und des EGMR eine erste Instanz einzuführen, wobei ein wesentlicher Teil der heute bei den Kammerentscheidungen dominierenden Arbeit der wissenschaftlichen Mitarbeiter auf gesetzliche Berufsrichter überginge.[204] In dieser – personell und sachlich gut ausgestatteten – ersten Instanz könnte die große Masse der unzulässigen und offensichtlich unbegründeten Verfassungsbeschwerden durch ein Kollegialgericht unanfechtbar entschieden werden. Nur alle wirklichen Zweifelsfälle und Fälle von

---

202 *R. Lamprecht*, Ist das BVerfG noch gesetzlicher Richter?, NJW 2001, 419 ff.
203 *E.-W. Böckenförde*, Die Überlastung des BVerfG, ZRP 1996, 281 ff.
204 *R. Lamprecht*, Ist das BVerfG noch gesetzlicher Richter?, NJW 2001, 419 (420 f.).

großer allgemeiner Bedeutung müssten den beiden Senaten der zweiten Instanz vorgelegt werden. Die zweite Instanz könnte dann ihre ganze intellektuelle Kraft auf die viel wenigeren Fälle konzentrieren. Die Entscheidungen wären insgesamt überzeugender. Es wäre dann auch mehr Zeit, Fälle von weltanschaulicher oder sonst ideologischer Bedeutung genauer zu durchdenken. Es würde nicht mehr vorkommen, dass juristisch oder gesellschaftlich wichtige Fragen unter zu starkem Einfluss von wissenschaftlichen Mitarbeitern entschieden werden.

cc) Derzeitige Verbesserungsmöglichkeiten

Es würde wohl zu einer deutlichen Arbeitsentlastung führen, wenn sich das BVerfG nicht so sehr als neben und auch über der Verfassung stehendes Verfassungsorgan verstehen würde, als „oberstes Verfassungsschloss" (Bernhard Großfeld)[205], sondern „nur" als echtes, wenn auch mächtiges Gericht mit umfassenden Kompetenzen. Dann könnten die oben beschriebenen *lehrbuchartigen Maßstabteile der Begründungen entfallen.* Die Begründungen wären fallnäher, leichter lesbar, in ihrem logischen Gehalt leichter überprüfbar und man würde rasch sehen, ob entscheidende Punkte berücksichtigt und genügend geprüft wurden. Die Überzeugungskraft würde steigen.

Die *Weitschweifigkeit von Entscheidungsbegründungen* erschwert nicht nur das Verständnis, sondern kann auch *logische Brüche* und fehlende Argumente sowie eine unzulässige *Ignorierung von Argumenten* überspielen. Das ist *intellektuell fragwürdig.*

Dazu gibt es im Bereich des ideologischen und weltanschaulichen Rechts erstaunliche Beispiele, etwa die beiden Entscheidungen zum Schwangerschaftsabbruch (1975 und 1993), die zu den Ladenöffnungszeiten in Berlin (2009), den Chefarztfall von 2014 und die 2. Kopftuchentscheidung von 2015. Die Überzeugungskraft der dazu ergangenen Begründungen leidet auch durch ihre Überlänge. Hierzu wird auf die jeweilige Darstellung oben im Rechtsprechungsteil verwiesen. Eine diesbezügliche Detailkritik würde die Geduld der Leser überstrapazieren.

---

205 *B. Großfeld*, Zur Stellung des Bundesverfassungsgerichts im Grundgesetz, NJW 1998, 3544 (3547). Der Gesetzgeber hat die These vom Verfassungsorgan freilich in § 1 I BVerfGG übernommen. Eine Auswirkung auf die Rechtsgewinnung muss das jedoch nicht zwangsläufig zur Folge haben.

Ein weiterer Grund ist das *Verständnis der Verfassung als Wertordnung*, soweit es übertrieben und mit den ansonsten anerkannten Rechtsgewinnungsmethoden nicht mehr vereinbar ist. Vieles von dem, was das BVerfG aus den Grundrechten herausliest, ergibt sich keineswegs aus ihrem Text. So ergibt sich aus den Art. 1 I und 2 II GG sicher nicht der Schutz des Nasciturus. Dieser war 1949 sehr umstritten, konnte sich aber im Parlamentarischen Rat *nicht* durchsetzen.[206] Auch der Verfassungswortlaut gibt für einen solchen Schutz nichts her. Freilich ergibt sich bei bestimmten Fallgestaltungen die Notwendigkeit einer Lückenfüllung. Aber auch das BVerfG ist nicht legitimiert, jede Leerstelle des GG mit eigenen, nicht zwingend erforderlichen Wertungen zu füllen. Viele Leerstellen können nicht mithilfe der (intellektuell unredlichen) Verbalbehauptung einer Verfassungsauslegung geschlossen werden, sondern sind dem Gesetzgeber zu überlassen.[207]

c) Ideologische Voreingenommenheiten

Mehr noch als alle bisherigen Gesichtspunkte, die zu einer erheblichen Schieflage der Rechtsprechung im weltanschaulichen Bereich beitragen, ist die den Verfassungsrichtern wie allen Menschen eigene ideologische und weltanschauliche Grundhaltung von Bedeutung. Parteipolitische Voreingenommenheiten spielen beim BVerfG allenfalls eine geringe Rolle. Die Richter haben sich hier als sehr selbständig erwiesen. Anders ist es mit höchstpersönlichen Grundhaltungen, die sich langfristig aufgrund von Herkunft, Sozialisation, persönlichen Begegnungen, Lektüre usw. gebildet haben. Das wird verstärkt durch den Umstand, dass die meisten Juristen wegen ihrer Herkunft aus dem Mittelstand „konservativ" sind.

---

206 Zu dieser Problematik intensiv *R. Herzog*, Der Verfassungsauftrag zum Schutze des ungeborenen Lebens, Juristische Rundschau 1969, 442 ff. (Der Titel ist irreführend, Anm. Cz.).
207 Grundsatzkritik zu dieser Art der Konkretisierung einer Wertordnung bei *H. Honsell*, Wächter oder Herrscher – die Rolle des Bundesverfassungsgerichts zwischen Recht und Politik, ZIP 2009, 1689 ff.

aa) Zusammensetzung des Gerichts

Das Verfahren der Berufung der Richter durch die Politik (Bundestag und Bundesrat) taugt nicht als Korrektiv zur Erzielung möglichst unterschiedlicher Richterprofile. Zum einen ist die christliche Tendenz besonders im Bundestag – heute im Gegensatz zur Gesamtbevölkerung – dominierend. Zum anderen besteht im Auswahlverfahren ein Zwang zum Kompromiss, ohne den eine jeweilige 2/3-Mehrheit nicht zu erreichen ist. Das bedeutet fast zwangsläufig, dass Persönlichkeiten, die religiös-weltanschaulich als erkennbar eigenständig gelten, nicht so leicht zum Bundesverfassungsrichter gewählt werden. Bekannt ist der Skandal um den allseits hochangesehenen und als liberal geltenden Horst Dreier, Professor des öffentlichen Rechts, der 2008 entgegen allen Erwartungen nicht Bundesverfassungsrichter werden durfte (siehe unten). Dabei war er nicht nur Mitglied des Deutschen Ethikrats, sondern u. a. seit langem auch im Kuratorium einer evangelischen Forschungseinrichtung tätig. Unerklärlich ist, warum er teilweise sogar auf rufmörderische Weise öffentlich angegriffen wurde. Entscheidend dürfte der Umstand gewesen sein, dass er Embryonen den Menschenwürdeschutz aus Art. 1 GG juristisch nicht zuerkennen wollte[208], weswegen er von der katholischen Kirche stark angegriffen wurde und die C-Parteien ihn ablehnten. Aus der Geschichte des BVerfG ist von nicht wenigen Richtern ein z. T. starkes Engagement speziell zugunsten der katholischen Kirche bekannt. Auch aus der Zeit nach Adenauer und aus jüngerer Zeit sind etliche entsprechend engagierte Richter bekannt, darunter teilweise auch öffentlichkeitswirksame und einflussreiche Persönlichkeiten. Zu nennen sind etwa Udo di Fabio, Willi Geiger, Paul Kirchhof, Hans-Hugo Klein, Rudolf Mellinghoff, Gebhard Müller, Engelbert Niebler, Ernst Träger. Beachtlich viele Richter haben hohe Auszeichnungen des päpstlichen Gregorius-Ordens und des päpstlichen Silvester-Ordens erhalten, für Verdienste um die katholische Kirche.[209]

Jedenfalls zweifelt, soweit ersichtlich, kein Jurist daran, dass die Rechtsprechung des BVerfG von Beginn an als *kirchenfreundlich* anzusehen ist. Sonst wäre es auch nicht verständlich, wie sehr sich auch hochgestellte Juristen, z. T. sogar gehässig, über den Kruzifix-Beschluss von 1995 erregt haben. Dabei entsprach er der herkömmlichen Grundrechtsdogmatik, hob allerdings das Neutralitätsgebot hervor. Die Klassifizierung als „kirchen-

---

208 Wofür rechtlich trotz des Gegensatzes zur h. M. vieles, wenn nicht alles sprach, s. oben unter 6. zu BVerfGE 39, 1.

209 *C. Frerk*, Kirchenrepublik Deutschland – Christlicher Lobbyismus, 2015, 294 f.

freundlich" oder „religionsfreundlich" bedeutet, dass andere weltanschauliche Richtungen nicht so freundlich behandelt, also geringer gewertet werden. Das ist angesichts der zentralen Bedeutung des normativ auf den Verfassungsartikeln Art. 3 III, 4 I, 33 III GG und Art. 136 I, IV WRV sowie Art. 137 I und VII WRV i. V. m. Art. 140 GG basierenden Neutralitätsgebots sehr bedenklich.

bb) Befangenheit

Bei der Ablehnung von Richtern wegen *Befangenheit* geht es um Gründe, die geeignet sind, Misstrauen gegen die Unparteilichkeit eines Richters zu rechtfertigen (§ 19 BVerfGG). Fragwürdig erscheint die Ansicht des BVerfG, es müsse wegen des Richter-Wahlverfahrens bei der Annahme von Befangenheit ein noch strengerer Maßstab angelegt werden als im Zivil- oder Strafprozess.[210] Das ist deswegen nicht plausibel, weil die Richterwahlen durch politische Organe erfolgen. Ein Teil der Richter kommt aus der Politik. Die entscheidende Vorauswahl der durch den Bundestag zu bestimmenden Hälfte der 16 Richter erfolgt durch einen 12-köpfigen, geheim tagenden Richterwahlausschuss, bei dem politisch-taktische Fragen eine maßgebliche Rolle spielen. Bemerkenswert war 2008 der Fall Dreier (s. oben).[211]

Verfassungsrichter bieten nicht grundsätzlich Gewähr für ein höheres Maß an Objektivität als andere Richter. Auch kommt es ja auf die jeweilige Materie und den Einzelfall an. Nicht wenige Fälle aus dem religiös-weltanschaulich-ideologischen Bereich (siehe die obigen Falldokumentationen) zeigen ja gerade, dass sich auch Verfassungsrichter – trotz aller Gewissenhaftigkeit im Allgemeinen – manchmal sehr schwer tun, über ihren Schatten zu springen. Trotzdem kam es nur in sehr wenigen Fällen zum Ausschluss wegen Befangenheit.[212]

Befangenheit im gesetzlichen Sinn ist gegeben, wenn objektiv feststellbare Tatsachen vorliegen, die bei subjektiv vernünftiger Betrachtung eine

---

210 BVerfGE 73, 330 (335 f.); auch E 35, 171 (173 f.).
211 In der Presse war von einer rufschädigenden Kampagne von CDU und katholischer Kirche die Rede. Dreier hatte in Sachen Folterverbot und Embryonenschutz sachlich-nachdenkliche wissenschaftliche Positionen vertreten mit der Folge, dass eine Berufung durch den Bundesrat aussichtslos erschien. https://www.welt.de/politik/article2227067/Horst-Dreier-und-seine-Version-des-Rufmordes.html.
212 *K. Schlaich/S. Korioth*, Das Bundesverfassungsgericht, 11. A. 2018, 54, Fn. 98.

Besorgnis im Hinblick auf die Unbefangenheit und Unparteilichkeit eines Richters rechtfertigen.[213] Es genügt also der entsprechende Anschein. Maßgeblich ist die objektivierbare Sicht der ablehnenden Partei bei Beachtung der jeweiligen Einzelfallumstände. Es entscheidet „ausschließlich, ob ein am Verfahren Beteiligter bei vernünftiger Würdigung aller Umstände Anlass hat, an der Unvoreingenommenheit des Richters zu zweifeln"[214]. Allgemeine Gründe wie Geschlecht, Konfessionszugehörigkeit oder Äußerungen in Publikationen stellen für sich allein kaum einen Ablehnungsgrund dar. In solchen Fällen müssen zur Annahme eines Ablehnungsgrundes zusätzliche Gesichtspunkte vorliegen. In der Praxis hat es sich als ungewöhnlich schwierig erwiesen, Richter des BVerfG erfolgreich abzulehnen.[215]

Ein besonderes Beispiel für diese Schwierigkeit ist der Fall Böckenförde aus dem Jahr 1992 anlässlich des zweiten Verfahrens zum Schwangerschaftsabbruch.[216] Ernst-Wolfgang Böckenförde, der bis heute wohl bekannteste Richter des BVerfG, war lange juristischer Berater des Zentralkomitees der deutschen Katholiken gewesen. 1986 war er der großen Juristenvereinigung Lebensrecht e. V. beigetreten. Zumindest viele ihrer Mitglieder waren und sind totale, oft fanatische Abtreibungsgegner. Gründungsmitglieder waren erzkatholische Juraprofessoren gewesen, die z. T. in das nationalsozialistische System verstrickt waren. Die Fristenregelung wurde z. B. als Todeskorridor von drei Monaten bezeichnet. Zwar trat Böckenförde 1990 wieder aus dem Verein aus, um einer möglichen Ablehnung im verfassungsgerichtlichen Verfahren zuvorzukommen. Aber warum war er eingetreten? Schon 1971 hatte Böckenförde in den jesuitischen Stimmen der Zeit einen großen Aufsatz zur § 218 StGB-Reform-Diskussion veröffentlicht, in dem er die sich abzeichnende Fristenregelung scharf kritisiert hatte. Es drängte sich doch auf, bei Berücksichtigung des Gesamtzusammenhangs anzunehmen, dass er einen zutiefst innerlichen Überzeugungsstandpunkt über lange Zeit aufrechterhalten hatte, so dass er juristischen Überlegungen in dieser hochideologischen Angelegenheit nicht mehr offen gegenüberstand. Hätte Böckenförde, immerhin ein entschiedener Vertreter des säkularen Staats, sich nicht auch selbst ablehnen müssen? Er war wohl die Schlüsselfigur des Verfahrens. Nebenbei: Als juristische

---

213 Vgl. z. B. BVerfGE 30, 38; 43, 126; 82, 38; 108, 122 (126); 142, 9 (14).
214 Zitat BVerfGE 73, 335.
215 Generell zur Problematik richterlicher Befangenheit A. *Ignor*, Befangenheit im Prozess, ZIS 2012, 228 ff.
216 Aufschlussreich der Artikel von *H. Kühnert*, Wenig Hoffnung auf Karlsruhe, DIE ZEIT vom 4. 12. 1992, https://www.zeit.de/1992/50/wenig-hoffnung-auf-karlsruhe/komplettansicht.

Gutachter bestellte das Gericht zwei bekennende Abtreibungsgegner. Auch zeigen die Urteilsgründe, dass sie nicht der juristischen Methode, sondern religiöser Moral verpflichtet waren. Es ging darum, einer spezifisch religiösen Sondermoral den Vorzug zu geben, ungeachtet aller Gleichheitsvorschriften des GG.

Im ideologisch stark aufgeladenen weltanschaulichen Bereich ist man besonders darauf angewiesen, dass Richter ihre persönliche Position aus speziell verfassungsrechtlicher Sicht bewusst hinterfragen. Auch und gerade weltanschaulich aufgeladene Rechtsfragen dürfen nur mit rein säkularen, möglichst allgemein anzuerkennenden Gründen beantwortet werden. Daher heißt es auch in den Verhaltensleitlinien des Gerichts von 2017[217] in I 3: „Sie achten in ihrem gesamten Verhalten darauf, dass kein Zweifel an der Neutralität ihrer Amtsführung gegenüber gesellschaftlichen, politischen, religiösen oder weltanschaulichen Gruppierungen entsteht. Dies schließt die Zugehörigkeit zu solchen Gruppierungen und bei angemessener Zurückhaltung ein Engagement in ihnen sowie die sonstige Mitwirkung am gesamtgesellschaftlichen Diskurs nicht aus." Es bleibt, an das besondere Verantwortungsgefühl der Verfassungsrichter gegenüber *allen* religiös-weltanschaulichen Richtungen, religiösen wie nichtreligiösen, und den Vorrang der juristischen Methode zu appellieren.

Wie notwendig das ist, zeigen zu allem Gesagten zwei Beispiele. Am „Karlsruher Foyer Kirche und Recht" (Karlsruher Foyer) wirken auch Richter des BVerfG vorbereitend und als Zuhörer und Diskutanten mit. Es handelt sich um eine von der Diözese Freiburg und der evangelischen Landeskirche Baden getragene Institution, die 2007 gegründet wurde. Sie dient der systematischen Kontaktpflege zwischen beiden Kirchen und dem ebenfalls in Karlsruhe ansässigen Bundesverfassungsgericht sowie dem Bundesgerichtshof und der Bundesanwaltschaft. 13 Richter, darunter der damalige Berichterstatter des 1. Senats des BVerfG für die die Glaubensfreiheit betreffenden Verfahren, erklärten sich für eine Mitarbeit in der vorbereitenden Kommission für die jährlich vier Themenabende bereit. Das Karlsruher Foyer existiert bis heute, unterhält jedoch (im Gegensatz zur Anfangszeit) keine öffentliche Webseite mehr. Gegen eine Kritik der Giordano-Bruno-Stiftung wegen der Mitwirkung von Verfassungsrichtern am Karlsruher Foyer und einem „Fachgespräch" zwischen einer Delegation der Deutschen Bischofskonferenz und Richtern des Bundesverfassungs-

---

217 https://www.bundesverfassungsgericht.de/DE/Richter/Verhaltensleitlinie/Verhal tensleitlinien_node.html.

gerichts am 21. 1. 2011[218] hat sich dessen Präsident gewehrt im Hinblick auf die allgemeine Notwendigkeit gesellschaftlicher Kontaktpflege. Das überzeugt aber nicht, denn es handelt sich um eine Kontaktpflege über das hinaus, was hinsichtlich anderer gesellschaftlicher Gruppen stattfindet.[219] Mindestens so gravierend ist das Treffen aller Richter des BVerfG mit Papst Benedikt XVI. anlässlich seines Besuchs in Deutschland im September 2011. Das nur kurze Treffen fand am 25. 9. 2011 ausgerechnet im Freiburger Priesterseminar statt. Wie glaubwürdig ist bei einem solchen Kniefall die weltanschaulich-religiöse Neutralität des BVerfG?[220]

d) Zusammenfassende Hinweise zu Korrekturmöglichkeiten

Die ungewöhnliche Aufteilung der Entscheidungsgründe in einen *Maßstäbeteil* und einen Subsumtionsteil wäre zugunsten des in Deutschland ansonsten gepflegten Urteilsstils aufzugeben. Dadurch würde eine normähnliche Verselbständigung der Maßstäbe (insbesondere durch nahezu sakrosankte Bausteine) vermieden, ohne dass die richtungweisende Bedeutung der Entscheidungen leiden müsste. Es wäre dann auch leichter, ggf. Korrekturen der eigenen Rechtsprechung vorzunehmen. Das sollte offen und nicht verklausuliert geschehen. Die Aufgabe nicht plausibler und nicht akzeptierter Entscheidungen würde zudem die Glaubwürdigkeit des Gerichts steigern.

Die Änderung des Urteilsstils würde gleichzeitig die (nicht selten für Leser unzumutbare) *Überlänge* vieler Entscheidungsgründe erheblich reduzieren. Der Begründungsstil wäre zu straffen, womit der juristische Begründungsgang besser offengelegt und die Lesbarkeit und Verständlichkeit erheblich verbessert würden. Die dogmatische Klarheit und Schlüssigkeit

---

218 Das Schreiben kann über die Webseite der Stiftung https://www.giordano-brun o-stiftung.de/meldung/hinkende-trennung-kirche-justiz ebenso abgerufen werden wie die Antwort des Präsidenten des BVerfG und die Replik.

219 Dazu hieß es in LTO: „Zu keiner gesellschaftlichen Gruppe sind die institutionellen Kontakte der Karlsruher Justiz so eng wie zu den beiden großen christlichen Kirchen. Das lässt sich anschaulich am jährlichen Empfang, aber auch an dem kontinuierlich arbeitenden „Foyer Kirche und Recht" zeigen. *C. Rath*, Kirche und Staat „am Scheideweg", LTO vom 5. 6. 2019, https://www.lto.de/recht/ hintergruende/h/bundesverfassungsgericht-christliche-kirchen-empfang-karlsru he-beeinflussung.

220 Zur Kritik http://www.humanistische-union.de/nc/presse/2011/pressedetail_201 1/back/presse-2011/article/papst-besuch-humanistische-union-appelliert-an-richt erinnen-und-richter-des-bundesverfassungsgerich/.

der Gründe würde verbessert, Widersprüche würden leichter vermieden. Wesentlich kürzere Texte trügen auch viel zum Abbau der Überlastung bei. Ein knapperer Begründungsduktus würde auch Schwachstellen besser erkennbar machen. Das wäre ein juristischer Gewinn und käme den Forderungen auch ehemaliger Verfassungsrichter entgegen, auch das Bundesverfassungsgericht bedürfe öffentlich-gesellschaftlicher Kritik.

Die Richter müssten sich in jedem Fall bewusst sein, dass bei allen Entscheidungen mit religiös-weltanschaulichem oder sonst ideologischem Einschlag ihr persönlicher Hintergrund (Herkunft, Sozialisation, tiefe Überzeugungen, Umgang, Lesegewohnheiten usw.) eine gewisse, manchmal große Rolle spielt. Dem durch differenziertes Denken unter Einbeziehung anderer Denkwelten erforderlichenfalls *bewusst* entgegenzuwirken, erfordert manchmal psychische Anstrengungen und in jedem Fall intellektuelle Redlichkeit. Das gilt besonders für die regelmäßig sehr großen Einfluss ausübenden jeweiligen Berichterstatter, die praktisch die Verfahrensherrschaft haben. Das betrifft auch den Zeitpunkt der Vorlage des Votums.[221] Nun meint zwar Uwe Kranenpohl in seiner Habilitationsschrift zum Willensbildungs- und Entscheidungsprozess beim Bundesverfassungsgericht schon im Vorwort: „Offenkundig gelingt es aber in Karlsruhe wesentlich besser als in den meisten gesellschaftlichen Institutionen, sachfremde Einflüsse auf den Willensbildungs- und Entscheidungsprozess zu dämpfen und diesen stattdessen auf eine problemorientierte Beratung in Form einer ‚ausgewogenen kritischen Deliberation‘ auszurichten.“[222] Für den Komplex Religion und Weltanschauung gilt das aber bisher nach den obigen Untersuchungen allenfalls in deutlich eingeschränktem Maß.[223]

---

221 *U. Kranenpohl*, Hinter dem Schleier des Beratungsgeheimnisses. Der Willensbildungs- und Entscheidungsprozess des Bundesverfassungsgerichts, 2010, 133 ff.
222 *U. Kranenpohl*, ebenda 17. Leider wurde in dieser Arbeit die weltanschauliche Problematik nicht untersucht.
223 Interessant wäre eine Untersuchung zur jeweiligen Person der für Fragen des Art. 4 bzw. 140 GG zuständigen Berichterstatter der kritisierten Fälle. Auch die Motive zur Auswahl der Zuständigkeit von Richtern für Art. 4 bzw. 140 GG im Rahmen der Geschäftsverteilung beider Senate wären interessant.

10. Beginn einer positiven Wende in der Verfassungsrechtsprechung?

Die lange erwartete Verkündung des Urteils in der heiß umstrittenen Frage der Zulässigkeit des ärztlich assistierten Suizids Ende Februar 2020 könnte hoffentlich künftig als Wendemarke in der Geschichte des Weltanschauungsrechts (herkömmlich: Religions[verfassungs]rechts) angesehen werden:

BVerfG NStZ 2020, 528, U. 26. 2. 2020 – 2 BvR 2347/15 u. a.: Ärztlich assistierter Suizid

Die Verfassungsbeschwerden von Einzelpersonen (Patienten und Ärzten) sowie Vereinen richteten sich unmittelbar gegen § 217 des Strafgesetzbuches (StGB) in der Fassung des Gesetzes zur Strafbarkeit der geschäftsmäßigen Förderung der Selbsttötung vom 3. Dezember 2015.[224]

Die maßgebende Aussage des Urteils besteht darin, dass Art. 2 I (freie Persönlichkeitsentfaltung) i. V. m. Art. 1 I GG (Menschenwürde) auch das Recht auf selbstbestimmtes (autonomes) Sterben umfasst und dass die Entscheidung, dem eigenen Leben entsprechend dem persönlichen Verständnis von Lebensqualität und Sinnhaftigkeit der eigenen Existenz ein Ende zu setzen, als Ausgangspunkt der rechtlichen Beurteilung zu respektieren ist. Das bedeute auch, dass man dabei fremde geschäftsmäßige Hilfe in Anspruch nehmen darf. Was nicht in den Leitsätzen steht, vielleicht um die Provokation möglichst gering zu halten, ist Folgendes: Das Verfügungsrecht über das eigene Leben ist nach dem Urteil insbesondere nicht auf schwere oder unheilbare Krankheitszustände oder bestimmte Lebens- und Krankheitsphasen beschränkt.[225] Das heißt, dass (als tatsächliche Ausnahme) sich auch körperlich und geistig intakte und dauerhaft gefestigte Menschen mit fremder qualifizierter Hilfe völlig freiwillig das Leben verfassungsgarantiert nehmen können (Bilanzsuizid). Diese Thesen überraschen dann nicht, wenn man lediglich von der Menschenwürde, der allgemeinen

---

224 BGBl I S. 2177.
225 Rn. 210 der Gründe.

Handlungsfreiheit und der seit 1871 nicht verbotenen Selbsttötung ausgeht mit der Folge der Straflosigkeit der Beihilfe dazu.

Anders sieht es aus, wenn man berücksichtigt, was wichtige Kräfte in der Gesellschaft und die Rechtsprechung bisher daraus gemacht haben. In der Strafjustiz hatte sich lange die Ansicht durchgesetzt, bei der Suizidbeihilfe hätten Inhaber einer sog. *Garantenstellung* (insb. Angehörige und Ärzte) stets eine Pflicht zum rettenden Eingreifen, wenn sie nicht wegen unterlassener Hilfeleistung oder gar Tötung durch Unterlassen belangt werden wollten. Mit anderen Worten: Der Garant durfte dem Suizidenten sozusagen den Strick reichen, musste ihn aber nach erfolgtem Aufhängen wieder abschneiden. Damit wurde die Straflosigkeit der Beihilfe zum Suizid weitgehend beseitigt, obwohl das beim erkennbar selbstverantworteten Suizid der Willensentscheidung des Suizidenten und damit auch seiner Würde widersprach.

Diese Rechtsprechung wurde entgegen dem Willen einer sehr großen Mehrheit der Bevölkerung lange praktiziert. Später stellte man mehr auf die erforderliche „Freiheit" des Willensschlusses des Suizidenten ab. Wichtig waren zwei 2019 ergangene Urteile des BGH, mit denen die Freisprechung assistierender Ärzte durch die Vorinstanzen bestätigt wurde.[226] Die auch schon zuvor erfolgte Änderung der Rechtsprechung half in der Praxis aber wenig, denn das ärztliche Standesrecht untersagte in manchen Bundesländern die Suizidassistenz völlig, in anderen erklärte es sie zur Ausnahme bzw. enthielt sich einer Regelung. Vor allem aber das Betäubungsmittelgesetz hielt die Ärzte von der Suizidassistenz ab.[227] Da somit qualifizierte Suizidhilfe so gut wie nicht möglich war, gab es überaus zahlreiche Brutal-Suizide, die bei intensiver Beratung und Begleitung durch besonders fachkundige Ärzte, die notfalls zum Beistand beim Suizid bereit sind, nicht geschehen wären. Im Jahr 2017 starben in Deutschland – ähnlich wie in den vorangegangenen Jahren – insgesamt 9235 Personen durch Suizid. Die am häufigsten gewählte Methode waren Erhängen, Strangulieren und Ersticken (über 40 %). Der große Rest betraf vor allem Suizid durch Medikamente und Gase, aber auch durch Waffen, scharfe Gegenstände, Tiefensturz (895), Sich-Werfen vor Fahrzeuge (539) und viele ver-

---

226 BGHSt, U. 3. 7. 2019, Az.: 5 StR 132/18 und 5 StR 393/18 (keine Garantenstellung beim assistierten Suizid). Der zwischenzeitlich 2015 eingeführte und jetzt für nichtig erklärte § 217 StGB war auf den Fall noch nicht anwendbar.

227 § 29 des Betäubungsmittelgesetzes drohte bisher Strafe für die unerlaubte Herstellung, die Ein- und Ausfuhr oder In-Verkehr-Bringung von Betäubungsmitteln an.

schiedene andere Weisen.[228] Eine Minderheit meist Bessergestellter nahm daher die Möglichkeit wahr, im Ausland, vorzugsweise in der Schweiz, einen Verein zur professionellen Suizidhilfe aufzusuchen. Der Bedarf nach einer praktischen Möglichkeit des professionell assistierten ärztlichen Suizids bestand unbestreitbar.

Die zunächst zugelassene Tätigkeit des von Roger Kusch, dem vormaligen Hamburger Justizsenator, 2008 gegründeten Sterbehilfevereins scheiterte an juristischen Schwierigkeiten. Der 2009 von Kusch gegründete „Sterbehilfe Deutschland e. V." mit anderem Profil galt trotz Erfolgs als problematisch. Er trug wesentlich zu gesellschaftlich-politischen Bestrebungen mit dem Ziel völliger Verhinderung jeglicher organisierter Sterbehilfe bei. Die politisch-religiösen Verfechter der harten Linie wurden erstaunlicherweise unterstützt durch die gesamte organisierte Ärzteschaft, außerdem die katholische Kirche und die allermeisten Palliativmediziner.[229]

So kam es schließlich dazu, dass der Deutsche Bundestag, unbeeindruckt durch die zahlreichen Gegenargumente[230] und Brutal-Suizide (s. oben), am 6. November 2015 das „Gesetz zur Strafbarkeit der geschäftsmäßigen Förderung der Selbsttötung" beschloss. Es sollte helfen, die Tätigkeit von Sterbehilfevereinigungen wie „Sterbehilfe Deutschland e. V.", aber auch die Suizidhilfe durch Einzelpersonen einzuschränken. Insbesondere sollte verhindert werden, dass Sterbehilfevereine ihr Tätigkeitsfeld ausbauen, der assistierte Suizid zu einem „normalen Dienstleistungsangebot der gesundheitlichen Versorgung" wird und alte und/oder kranke Menschen sich direkt oder indirekt zur Inanspruchnahme solcher Angebote gedrängt fühlen, weil sie meinen, anderen bloß noch zur Last zu fallen. Kriminalisiert werden sollten „organisierte Formen des assistierten Suizids", nicht jedoch Suizidbeihilfe, „die im Einzelfall in einer schwierigen Konfliktsituation gewährt wird". Das Gesetz enthält zahlreiche Widersprüche und Ungereimtheiten. Den Suizidenten wurde im Ergebnis – ungeachtet des ohne-

---

228 Sehr detailliert das Statistische Bundesamt: https://www.destatis.de/DE/Themen/Gesellschaft-Umwelt/Gesundheit/Todesursachen/Tabellen/suizide.html.

229 Die Mehrheit der Palliativmediziner scheint der Ansicht zu sein, dass verzweifelte Patienten durch Vertrauen und einfühlsame Kommunikation zu einer Änderung ihrer Sichtweise gebracht werden könnten, derzufolge das Leben nicht mehr lebenswert sei.

230 Neben den vielen juristischen Untersuchungen s. das sehr eindringliche Buch des deutschlandweit wichtigsten ärztlichen Suizidbegleiters *Uwe-Christian Arnold*, Letzte Hilfe, 2014, der seinen zutiefst persönlichen Erfolg beim BVerfG als todkranker Suizident nicht mehr erleben durfte.

hin entgegenstehenden ärztlichen Standesrechts und des Betäubungsmittelgesetzes – jede ärztliche Hilfe durch speziell sachkundige, erfahrene Ärzte verweigert.

Verbal begründet wurden die grausamen Folgen des neuen § 217 StGB ausweislich zahlreicher Kurzreden bei der 3. Gesetzeslesung einerseits mit dem ethisch hoch angesetzten Bestreben, die Betroffenen vor selbstsüchtigen Einflussnahmen zu schützen (Selbstbestimmungsrecht) und die Gesellschaft vor der Entwicklung zu einer Normalität des Suizids zu bewahren. Andererseits folgte der Gesetzgeber ausweislich der öffentlichen Stellungnahmen führender Protagonisten des Gesetzes wie dem damaligen CDU-Gesundheitsminister Hermann Gröhe oder der SPD-Abgeordneten Kerstin Griese dem christlichen Menschenbild und der christlichen Sittenlehre und erhob deren Werte zur allgemeinverbindlichen Norm. Dass § 217 StGB nicht weltanschaulich neutral ist, lässt sich überdies auch aus seiner Entstehungsgeschichte ableiten. Die Vorlage für das Gesetz stammt von einer Stiftung, die vom Malteserorden gegründet wurde.[231] Innerevangelisch wurde die Verabschiedung des § 217 StGB als gesetzliche Umsetzung der evangelisch-kirchlichen Position zum Thema Suizidassistenz durch Hermann Gröhe gewertet.[232]

Das BVerfG konnte, rein fachlich gesehen, gar nicht anders entscheiden. Aber angesichts der erheblichen Widerstände ist das Urteil dennoch sehr anerkennenswert, zumal es einstimmig ergangen ist.

Die Urteilsbegründung ist eine reife intellektuelle Leistung, die zeigt, wie ein hohes Gericht im Detail mit gegensätzlichen rechtlichen und tatsächlichen Argumenten kritisch und stringent umgehen kann: ein Lehrstück der Rechtskultur. Juristisch am interessantesten ist die klare Aussage zur Existenz eines *Verfassungsrechts auf Bilanzsuizid*, das bisher kaum diskutiert worden war. Religiöse Gebote und gesellschaftliche Leitbilder dürfen, so das Urteil, in diesen höchstpersönlichen Fragen keine Rolle spielen.

Das Urteil ist eine durchaus rücksichtsvoll formulierte wohlverdiente Ohrfeige an die Adresse der Mehrheit der Abgeordneten. Ein Aufschrei der Unterlegenen ist interessanterweise unterblieben. Eine Änderung des Betäubungsmittelgesetzes und ärztlichen Standesrechts ist unvermeidlich.

---

231 Für weitere Erläuterungen *M. Schmidt-Salomon*, Freitodhilfe im liberalen Rechtsstaat – Stellungnahme zu den Verfassungsbeschwerden gegen § 217 StGB, 27. 9. 2016, https://weltanschauungsrecht.de/stellungnahme-mss-217-stgb.

232 *H. Kreß*, Sterbehilfe: Die Sicht der Theologie, ihre Prämissen und ihre Schwierigkeiten, MedR 2018, 790 (793 f.).

Dass die zu erwartende Neuregelung des assistierten Suizids verfassungskonform sein wird, kann man nur hoffen.

Das BVerfG hat in einer gesellschaftspolitisch-rechtlich wichtigen Frage klargestellt, dass die Verfassung nicht nach religiösen Motiven ausgelegt werden darf. Leider nur indirekt ist ausgesagt, dass niemand berechtigt ist, Andersdenkenden seine persönlichen ideologischen Überzeugungen gegen seinen Willen überzustülpen, auch nicht eine Parlamentsmehrheit.

BVerfG NJW 2020, 1049, B. 14. 1. 2020 – 2 BvR 1333/17: Kopftuchverbot für Rechtsreferendarinnen verfassungsgemäß

Der Senatsbeschluss wurde zwar schon im Januar 2020 mit 7:1 Stimmen gefasst, aber erst am Tag nach Verkündigung des soeben erörterten Suizid-Urteils verkündet und steht daher in dessen Schatten. Diese 3. Senatsentscheidung des BVerfG in der Kopftuchproblematik könnte sich aber als wichtig für die weitere Rechtsentwicklung erweisen.

Obwohl im Streitfall die muslimische Referendarin nur hinsichtlich seltener und zeitlich recht begrenzter dienstlicher Tätigkeiten vom Kopftuchverbot betroffen war, erachtete der Senat die Verfassungsbeschwerde auch wegen der damit nach seiner großzügigen Ansicht verbundenen besonderen religiösen Belastung für zulässig, jedoch unbegründet.

Die besondere Bedeutung des Beschlusses des 2. Senats besteht darin, dass er das Gebot weltanschaulich-religiöser Neutralität gegenüber der Glaubensfreiheit [Religionsausübungsfreiheit, Cz] entscheidend stärker gewichtet als der 1. Senat im Jahr 2015 in seiner umstrittenen Entscheidung zum Lehrerinnen-Kopftuch (s. oben).

Leider trägt auch diese Entscheidung indes nichts inhaltlich Weiterführendes zur dringend erforderlichen Konturierung des Neutralitätsbegriffs bei. Zur *Neutralität in der Justiz* führt sie im Wesentlichen aus: Zweck der einschlägigen Bestimmungen des Prozessrechts sei es, das Vertrauen in die Neutralität (Unparteilichkeit) der Gerichte zu stärken. Dem diene die Pflicht, eine Amtstracht zu tragen und die Gestaltung des Gerichtssaals. Die formalisierte Situation im Gerichtssaal weise den Amtsträgern eine auch äußerliche Distanz und Gleichmaß betonende Rolle zu. In dieser Situation könne aus Sicht eines objektiven Betrachters das Tragen eines islamischen Kopftuchs während der Verhandlung durch Richterinnen und Staatsanwältinnen als „Beeinträchtigung der weltanschaulich-religiösen Neutralität" dem Staat zugerechnet werden. Zwischen dieser Problematik und dem persönlichen Grundrecht sei daher eine Abwägung vorzunehmen. Von Bedeutung sei dabei die Funktionsfähigkeit der Rechtspflege und das Vertrauen in die Justiz insgesamt.

Dazu dürfe der Staat „Maßnahmen ergreifen, die die Neutralität der Justiz aus der Sichtweise eines objektiven Dritten unterstreichen sollen. Das Verbot religiöser Bekundungen oder der Verwendung religiöser Symbole durch den Staat und seine Amtsträger kann – wenn es sich gleichheitsgerecht auf alle Äußerungen und Zeichen im Gerichtssaal bezieht (vgl. BVerfGE 108, 282 [313]; 138, 296 [346 ff. Rn. 123 ff.]) – insoweit legitimer Ausdruck einer solchen Konzeption sein …". Die öffentliche Kundgabe von Religiosität sei geeignet, „das Bild der Justiz in ihrer Gesamtheit zu beeinträchtigen". Im Gerichtssaal trete der Staat dem Bürger „klassisch-hoheitlich und daher mit größerer Beeinträchtigungswirkung gegenüber". Daran, dass Religionszugehörigkeit oder Mitgliedschaft in einer politischen Partei *als solche* kein Grund für eine dienstliche Befangenheit sind, rüttelt der Senat nicht. Angesichts der Einzelfallumstände (spezielle Situation der Rechtsreferendare) sei der Grundrechtseingriff gerechtfertigt, wenn auch das GG ihn nicht verlange.

Die Entscheidungsbegründung des 2. Senats ist im Detail sicher nicht so unangreifbar wie die zum ärztlich assistierten Suizid und wirft Fragen auf. Sie setzt sich aber deutlich von der Kopftuchentscheidung des 1. Senats aus dem Jahr 2015 ab. Das Erfordernis strikter Neutralität in der Justiz als Ausdruck hoheitlicher Staatstätigkeit wird hervorgehoben. Dass in diesem Zusammenhang nicht ausdrücklich gesagt wird, an der Wand angebrachte Kreuze seien verfassungswidrig, ist zu bedauern.

Diese beiden Entscheidungen, insbesondere das intellektuell unangreifbare und einstimmig ergangene Urteil zum ärztlich assistierten Suizid, nähren die Hoffnung, das BVerfG werde künftig in weltanschaulich-religiösen Fragen konsequent(er) so judizieren, dass die rein säkularen, neutralen und tatsächlich-plausiblen Begründungen und somit auch Ergebnisse möglichst von allen Bürgern ungeachtet ihrer rein persönlichen Überzeugung als fair akzeptiert werden können.[233]

---

233 Darauf, wie labil solche Hoffnungen sind, deutet ein Kommentar von *J. Neumann* anlässlich des Wechsels im Amt des Präsidenten des BVerfG im Mai 2020: https://weltanschauungsrecht.de/meldung/bverfg-richterwahl-harbarth.

11. Schlussüberlegungen

Obige Kritik an der jahrzehntelangen Vorgehensweise des BVerfG speziell in weltanschaulich-religiösen Fragen fußt auf einer keineswegs vollständigen Zusammenschau zahlreicher Fälle aus unterschiedlichen Rechtsgebieten. Ein nicht geringer Teil der sich daraus ergebenden Kritik besteht aus juristischen Banalitäten. Über die grundsätzlichen Fragen der Rechtsgewinnung und der dabei zu beachtenden verfassungsrechtlichen Besonderheiten besteht weitgehend Einigkeit (Kap. 2 und 3). Spezielle Kenntnisse der Rechtstheorie sind dazu nicht unbedingt erforderlich. Aber man muss die anerkannten Grundsätze deutlich in den Vordergrund stellen, wenn sogar eine so hochverdiente Institution wie das BVerfG diese eigentlich selbstverständlichen Erfordernisse verantwortungsvoller richterlicher Tätigkeit gerade im religiös-weltanschaulichen Bereich so oft missachtet. Die gesellschaftlichen Folgen sind erheblich und untergraben das Vertrauen in die Rechtsprechung. Wie soll das BVerfG „Heimstatt aller Staatsbürger"[234], d. h. auch der wachsenden nichtreligiösen ungefähren Hälfte der Bevölkerung, sein, wenn es immer wieder Anlass für die Behauptung gibt, zumindest eine Senatsmehrheit oder eine Kammer gebe persönlichen weltanschaulichen Präferenzen den Vorzug vor der juristischen Methode?

---

234 Seit BVerfGE 19, 206 (216): *Badische Kirchenbausteuer*, 1965, ständige Redewendung des Gerichts.